I0845447

Reflexiones

El hombre: Su origen, propósito y destino

Mario David Ramírez Soriano

Este libro no podrá ser reproducido, ni total ni parcialmente, sin el previo permiso escrito del autor. Todos los derechos reservados.

Reflexiones – El hombre: Su origen, propósito y destino.

Primera edición: Diciembre 2023

© Mario David Ramírez Soriano

Autoedición y diseño: Mario David Ramírez Soriano

La publicación de esta obra puede estar sujeta a futuras correcciones y ampliaciones por parte del autor, así como son de su responsabilidad las opiniones que en ella se exponen. Quedan prohibidas, dentro de los límites establecidos por la ley y bajo las prevenciones legalmente previstas, la reproducción total o parcial de esta obra por cualquier medio o procedimiento, ya sea electrónico o mecánico, el tratamiento informático, el alquiler o cualquier forma de cesión de la obra sin autorización escrita de los titulares del copyright.

Prefacio

Todo aquel que lee la Biblia bajo la Luz de la Verdad, admite que la enseñanza que subyace en cada relato es atemporal y que puede ser aplicada hoy mismo con notorios y satisfactorios resultados.

Las palabras hebreas son compuestas; tienen distintos significados según el contexto de la frase. Por ejemplo, la palabra hebrea yom, traducida como "día" en la Biblia, significa "tener calor", en referencia al calor del día comparado con el frescor de la noche. La palabra yom también fue utilizada para señalar un período de tiempo, una era. Se ve, enseguida, que los traductores al castellano tenían un campo muy rico de ideas de las cuales elegir y que podía hacer que el texto fuera o histórico o simbólico según su conciencia. Al juzgar el Génesis, por ejemplo, vemos que dichos traductores pensaron que la historia original era una declaración de hechos, y la traducción da testimonio de que esto es así.

Para captar el significado de estos relatos es necesario darle su lugar en la conciencia espiritual. El estudioso de las Escrituras enseguida se percata de que todos los lugares y nombres que en ella aparecen cubren un estado de la conciencia, un estado de ánimo, una virtud o una debilidad que ha de ser perpetuada. Por ejemplo, encontramos que Jerusalén en hebreo significa un lugar de paz, o la ciudad de la paz; Belén, casa del Pan; Rut (Libro de Rut), significa aliada, y el desarrollo que hay detrás de esas ciudades y personajes nos muestran exactamente como establecer en nuestra conciencia y asuntos las ideas que representan.

Toda la Biblia es una exposición del desarrollo de un pueblo que reconoció a Dios. Bueno, esa trayectoria donde la conciencia se expande, es una tarea pendiente todavía hoy. Los israelitas empezaron con un conocimiento pobre de lo que era el Padre y el destino del hombre como parte de la Creación, y en el transcurrir de los siglos, vemos en los escritos que ese conocimiento se fue expandiendo hasta llegar a los despliegues de Sabiduría y Amor que vemos en Jesús y sus contemporáneos.

Estos últimos desarrollaron un conocimiento superior de Dios, donde al contrario de lo que se creía en aquella época, Dios ya no era un hombre o un gran ser en algún lugar separado de nosotros, sino que la única realidad, es que entonces no había, ni hay, una separación entre El Eterno y el hombre. Así que, cuando leemos que Jesús dijo: *"Yo y el Padre uno somos"; "El que me ha visto a mí, ha visto al Padre"*, que nadie se apresure en pensar que esas afirmaciones eran comprendidas por los que le rodeaban. Es más, causaban serios conflictos interiores porque la sociedad judía no concebía tan siquiera llamar a Dios, Dios. Él era innombrable.

La cosa es que, en realidad, Jesús hablaba de un Principio Superior Universal inherente al ser humano que busca establecerlo en la paz, prosperidad y salud definitiva. ¿Cómo llegaremos a un estado permanente donde reinen todas esas cosas? Reconstruyendo los muros del Templo de Dios, que no es otro que nosotros mismos.

En la Biblia hay muchos pasajes donde se erigen templos y edificios. ¿Tienen estos la finalidad de reflejar o transmitir que los hebreos sabían de arquitectura y materiales de construcción? Por supuesto que no. Cuando captamos el significado de cada uno de los símbolos que en ellos aparecen, vemos que, en realidad, son un registro de como estos antiguos hebreos intentaron acercarse a Dios. Esta la fallida torre de Babel, el Arca de la Alianza, el Arca de Noé, el Templo de Salomón…todas esas construcciones encierran una enseñanza liberadora y fortalecedora.

No hay que ahondar mucho para ver que los contrarios de Jesús, los fariseos, no simpatizaban con la idea de que ellos mismos eran el Templo de Dios. Ellos estaban contentos con la idea de que Dios estuviera en la lejanía. Les daban mucha importancia a los templos de piedra y argamasa, y a los rituales religiosos. "Vivían" en la superficie, y no querían profundizar más allá. Ahora, ¿qué representan esos fariseos para nosotros hoy? Los fariseos representan la mente obtusa que busca aferrarse a sus viejas ideas, y que no se desprende fácilmente de sus hábitos y tendencias. Así que necesitamos, cada uno de nosotros, estar en guardia ante esos viejos hábitos y pensamientos que nos lastran y estancan, y cuando obtengas ese dominio mental, comenzará la inspiración.

Ahí Dios comienza a hablarnos. No lo va hacer en alemán, chino, inglés, francés, o cualquiera que sea tu idioma. El lenguaje del Espíritu es expresado a través del surgimiento de ideales superiores que, sostenidos en el tiempo, te obsequian una nueva visión, una visión más amplia.

En el libro de Proverbios, Salomón plasmó las siguientes palabras: *"Donde no hay visión el pueblo perece; más el que guarda la ley (espiritual), es bienaventurado"*. El veredicto del hombre mundano es que tales leyes no existen. Tampoco tiene intención alguna de aplicarlas para probar si funcionan, pero es un axioma que aquel que persevera en cultivar su espíritu y mente, se le abren caminos y puertas que se pensaban por siempre cerradas.

Cuando un individuo actúa bajo la ley divina, no importa cuántas leyes restrictivas hechas por el hombre haya, la disciplina de la mente espiritualizada siempre halla una vía por la cual salir victoriosa. Bajo esta ley se nos revela que no hay nada por lo que angustiarse o quejarse, y demuestra que todo lo que llamamos injusticia, enfermedad, muerte, o catástrofes/epidemias, en realidad, lo hemos creado nosotros mismos y todas ellas seguirán manifestándose mientras le demos un lugar en nuestras conciencias.

Analicemos las injusticias. Desde la antigüedad el ser humano se ha preguntado sobre las nociones de justicia y de injusticia. Aristóteles (c.384-322 a. C.) se ocupó de la injusticia en la Ética a Nicómaco dentro de su teoría de la virtud. Para el estagirita *-originario de la ciudad de Estagira, al norte de la Antigua Grecia (Patria de Aristóteles)-*, la injusticia es un vicio consistente en la ambición de poseer más allá de lo que a uno le corresponde y a expensas de los demás. Esto ha dado lugar a las contiendas que conocemos del mundo de hoy. Casi todas son por cosas materiales, espacios geográficos o recursos. Dios nada tiene que ver con esas escenas.

Y ¿Qué hay de la enfermedad? Encontramos que el método terrenal es centrar casi todas nuestras atenciones en nuestros hábitos: comer mejor, hacer ejercicios, no ingerir sustancias nocivas, evite el estrés, pero muchos fallan en ejecutar estas cosas porque no tienen la conciencia para ello. La enfermedad no es otra cosa que una condición inarmónica en la mente provocada por el pensamiento erróneo y la ignorancia. Es un hecho en el campo de la psiconeuroinmunología, que los pensamientos que más predominan en nuestra mente producen una reacción bioquímica en el cerebro que libera señales de igual naturaleza que se transmiten al cuerpo, donde actúan como mensajeras de los pensamientos. Si se desea en palabras más simples, el concepto mental que tengas sobre la salud, su origen, de que depende y su sostenibilidad en el tiempo determinará tu estado mental y corporal.

Podemos rastrear el nacimiento del campo de la psiconeuroinmunología entre finales del siglo XIX y principios del XX, pero todo lo que han descubierto, ya era sabido por los contemporáneos de Jesús. Eso no es nada nuevo, y ese conocimiento lleva siglos registrado en la Biblia. ¿La muerte? Más de lo mismo. Metafísicamente sabemos que el cuerpo es el testimonio externo de los pensamientos y, por lo tanto, nadie podría morir o desintegrarse a menos que antes hubiera tenido lugar un proceso similar en el plano mental.

El ser humano debe entender su relación con Dios, y en efecto, aquel que pierde sus facultades mentales y motoras, los sentidos le fallan según cumple años y en la misma medida es blanco de enfermedades, cuando muere, demuestra que falló en reconocer a Dios como fuente Vida. Dios está en todos los hombres y mujeres de la tierra, y sabemos que Él es la vida misma. El individuo, en la medida que comprende esta Verdad, resulta proporcionalmente vitalizado en mente y cuerpo.

Y ¿por qué suceden las catástrofes y las epidemias? Los terremotos, los ciclones, las inundaciones y las epidemias son el resultado del impacto de la mente de la raza humana sobre la tierra. Algunas personas dirán: ¿Cómo podría la mente de la gente afectar estas cosas físicas de esa manera? Bueno, por ejemplo, buscad en internet primero los hechos o eventos negativos más notables del año 2019, y entenderéis porqué el COVID entro en el panorama mundial en el 2020. Una epidemia es una enfermedad que se propaga por un país durante algún tiempo, mientras que una pandemia -*covid 19*- es la misma cosa pero que se extiende a otros países.

En el 2019, hubo bastantes epidemias en los diferentes países, y no solo hablo de enfermedades en su significado habitual, sino que hubo muchos fenómenos ideológicos que afectaron fuertemente la estructura de muchas sociedades. Una epidemia-pandemia al final es una llamada a un cambio de conciencia, y según su magnitud, podemos saber cuan eminente es tal tarea. Hubo tres niveles de respuesta al brote de COVID-19: vimos cómo nos afectó física, mental y espiritualmente. La respuesta física fue lo primero, la gente moría de una enfermedad, eso no era nada nuevo para nuestros ojos. El segundo efecto, en nuestra psique, que se experimentó personalmente. Las personas en el aislamiento y el distanciamiento social obtuvieron un tiempo para pensar y reflexionar, el cual, les era imposible dedicar debido a el ajetreo del diario vivir, y descubrieron al inspeccionar sus respectivas mentes, que estas no eran un lugar muy agradable en el que habitar. Que había serios aspectos que cambiar. El orden y el correcto proceder debía ser reestablecidos por una edificación interior, y muchos lo hicieron, otros ante tal mar de confusión, recurrieron a distraerse y a dormir todo lo que podían y más.

Pero es la tercera área, la espiritual, el mundo interior de cada ser, el que más perturbado se vio en muchos. A pesar de que se implementaron vacunas, las medidas higiénico-sanitarias eran más extremas que nunca, nadie se desprendía de su mascarilla y los infectados redujeron su número, muchos seguían enfermando, e incluso vacunados, acababan gravemente afectados en la UCI *-unidad de cuidados intensivos-* y esto generó mucha confusión. El bienestar espiritual es ajeno a la vida cotidiana de muchas personas, y con el declive temporal que supuso el *covid*, muchos experimentaron un alma enferma: cansancio del corazón, temor existencial, una sensación de hundimiento, de que nada realmente importaba. No parecía haber una salida. Para colmo, las noticias no paraban de retroalimentar la conciencia pesimista que había en la población, y el miedo pasó al subconsciente.

Sabemos que el miedo, entendido como una respuesta cognitiva a una amenaza, favorece la reacción y adaptación del ser humano ante determinados peligros, pero si se mantiene en el tiempo puede predisponer para el surgimiento de enfermedades físicas y trastornos psicológicos. Esto es así porque el miedo, sostenido en el tiempo, provoca el desequilibrio de nuestro cuerpo y su consecuente bajada de defensas (sistema inmunitario), ya que nuestro cerebro activa a través de las glándulas suprarrenales mecanismos para la segregación de la adrenalina y el cortisol.

Podemos afirmar científicamente que el aumento del cortisol y la adrenalina provocan una serie de afectaciones que van desde la oxidación, o inflamación hasta la disminución de los glóbulos blancos y la interrupción de los procesos de homeostasis del cuerpo. Así que, desde el principio, el mayor factor al que tenemos que señalar en los numerosos infectados por el covid, es el factor mental. La gente enfermaba porque tenía miedo, y muchos, no disponían de los recursos mentales y espirituales para disiparlo. ¡Cuán importante es la cultivación del Espíritu humano! Debemos crecer, y empezar a vernos como un todo. La división entre enfermedades psíquicas y físicas debe eliminarse. Están tan entrelazadas que es necesario un conocimiento profundo de cada una para diagnosticar con éxito las dolencias y malestares de los pacientes.

Vemos que, por esto, y por muchas razones más la Biblia es la guía de vida más completa que poseemos. En el desarrollo de todos y cada uno de los personajes que en ella aparecen, podemos encontrarnos a nosotros mismos. Las personas tienen un concepto equivocado de las Escrituras, y caen en el error de pensar que en ella solo hay hombres y mujeres santos y perfectos. Para nada es así. Miremos, por ejemplo, al apóstol Juan. En sus inicios era un ser que abanderaba el mal carácter, era crítico con los demás y poseía una violenta sed de venganza. Era bastante intenso, pero Jesús lo ayudó a que canalizara en la vía correcta la intensidad que se destilaba de su personalidad, hasta que vemos que Juan cambió para bien sus actitudes y modificó su conducta. No solo eso, se superó, y vemos al final de su trayectoria a un hombre de gran altura espiritual, un visionario, un poeta, y un gran filósofo. Este libro inspirado es el registro de como ese y muchos seres humanos imperfectos llegaron a perfeccionarse, librándose de todo pecado.

¿Cómo? A través de la instrucción y la disciplina en aplicar la sabiduría espiritual. Es esta comprensión superior que se necesita como base, si es que se desea experimentar la plenitud de la existencia. Que nadie se deje invadir por pensamientos de rechazo al leer la palabra pecado localizada líneas atrás. Esta palabra de tres sílabas cubre una multitud de estados erróneos y nocivos de la conciencia. Etimológicamente, significa "errar"; "no alcanzar una meta u objetivo"; "no dar en el blanco" …

Un análisis básico del origen del error en los seres humanos nos arroja una culpable: la falta de entendimiento. Debemos de esforzarnos en apropiarnos de conceptos mentales que nos eleven. Hay que entender la salud, el amor, cómo lograr sabiduría, porque de solo incorporar en nuestra conciencia la realidad sensorial, todo eso que conocemos como gula, envidia, lujuria, falta de propósito, conformismo, y las muchas practicas carentes de sustancia y que inducen a todo tipo de desviaciones morales, nos parecerán caminos normales por los que transitar.

Bueno, el pecado es universal dirán algunos. Todo el mundo peca, pues hay un gran placer en la sensación. Y es cierto, la sensación es una de las cosas más agradables que tenemos en esta vida, pero si no es dirigida por una conciencia espiritualizada, todas las discordias y desarmonías que allí se pueden engendrar nos obsequiarán las más amargas situaciones. Podemos salir del mar del error, dándonos cuenta de que hay un Poder superior que nos puede ayudar a escapar de estas condiciones del mundo gentil. Muchas personas se preguntan por qué existe la adversidad, y existe porque no hemos dado en el blanco del Espíritu: no hemos visto a ese hombre y mujer espiritual que reside dentro de cada uno de nosotros. Es necesario que descubramos nuestras faltas, y que releguemos a cosa del pasado todas esas deficiencias.

Índice

En el vasto tapiz de la existencia, los salones de Sabiduría, cargados con el peso de conocimientos inexplorados, aguardan la llegada del inconforme. Aquel que intuye que lo que yace en el pasado y se perfila en el horizonte palidece en comparación con la magnificencia que resguarda su propio ser.

Atrévete a desentrañar los misterios de ese gran desconocido: el ser humano, cuyo universo interior es una constelación de potencialidades aún por descubrir. Adelante, lo único que puedes perder son tus cadenas.

M.D.R.S.

Capítulo 1

La tempestad calmada

Y entrando él en la barca, sus discípulos le siguieron. Y he aquí que se levantó en el mar una tempestad tan grande que las olas cubrían la barca; pero él dormía [refiriéndose a Jesús].

Mateo 23:24

Quizás uno de los aspectos que más resaltan los Evangelios del Maestro es su serenidad, calma y sosiego. No me cabe ninguna duda de que cualquier lector frente a esos pasajes desearía manifestar ese aplomo como propio, puesto que, solo en la quietud interior podemos conectar con Dios y dar testimonio de su Presencia en nosotros.

Tal logro espiritual haya su punto de partida en la estructuración y domino espiritual de la mente. La mente humana es como un prisma y la mente de Dios es la Luz elevadora que espera atravesar ese prisma y desplegar el sinnúmero de virtudes e ideales de la índole más alta. Ahora bien, si ese prisma está en constante agitación, o peor aún cubierto por las tinieblas de las ideas terrenales, jamás podrá manifestar todo aquello que verdaderamente somos.

La mente sin instrucción ni dirección espiritual está sujeta a ser agitada por cada brisa pasajera de sentimiento negativo o azotada por las olas del miedo, ansiedad o ira a causa de cosas externas. Estas cosas externas no dejan de ser apariencias, pero mientras la mente siga suministrando la sustancia que la sostiene, persistirá e impedirá reflejar justamente su Ideal, es decir, la imagen perfecta que tiene nuestro Padre de nosotros.

Por lo tanto, el dominio propio es una parte muy necesaria de nuestra educación espiritual, y no solo ese dominio propio que se manifiesta como una serenidad exterior, sino también el control de nuestros propios pensamientos y sentimientos. Todo lo que no es espiritual o es malo en su naturaleza es irreal y temporal. Esto lo sabe todo aquel que es sabio, y por eso, permanece inamovible en medio de ello.

El ser humano puede y debe reflejar el carácter de su Padre, a cuya imagen y semejanza está hecho, y dado que Dios es inmutable e insensible a las cosas malas, el verdadero hijo/a de Dios debe permanecer en la misma quietud, sin ser influenciado por toda apariencia que se presente como anómala, distorsionada o negativa.

Cada pensamiento, palabra o acto enviado a este mundo sale a la búsqueda de ideas, situaciones o personas de la misma índole que tarde o temprano tomaran forma y presencia en nuestras vidas. Si esto es así, aprendamos a no reconocer como real la presencia de mal ni siquiera por el menor temblor de la mente.

Aprendamos a no sobresaltarnos con ruidos inesperados, a no saltar cuando golpean la puerta, a no gritar ante visiones repentinas o no deseadas. Empleémonos hasta en aquello que se nos ha dicho que no podemos controlar. Háblale en silencio a tus órganos internos: tu corazón, tu diafragma, todo tu sistema nervioso, usando palabras y pensamientos divinos, con fe en que Dios te ha otorgado el poder de gobernarte a ti mismo y estar tranquilo tanto por dentro como por fuera.

La mayoría de los mortales tienen, o cada cierto tiempo se encuentran con algo o alguien en sus vidas que los perturba, o los pone "nerviosos" o irritables. Ante esas situaciones o personas, en lugar de comenzar a defenderte y responder con el mismo ahínco inarmónico, vuelve tu atención hacia adentro y derriba todo pensamiento de resentimiento con estas palabras: *"Ninguna de estas cosas me agitan"*.

Practicar la quietud ante cualquier "tempestad" que se produzca allí donde estemos involucrados con una o más personas, le revelará al *yo superior* de cada uno de ellos la inutilidad de la crítica y el enfado, y finalmente estaremos exento de todo ello.

Permanecer en esa línea espiritual es vital, incluso en los eventos más triviales de la vida. Cada uno de esos esfuerzos de autocontrol añade un poderoso ímpetu a la velocidad de nuestro crecimiento espiritual. En la calma de la mente está el verdadero ímpetu y la verdadera fuerza, inamovible ante aquellas cosas por las que no desea ser movida, sin embargo, lo suficientemente viva como para actuar prontamente al menor soplo e inspiración del Espíritu.

Capítulo 2

Las Convicciones

La premisa desde la que partía toda la enseñanza del maestro era la fe, que no es más que la aceptación interna de una idea como verdadera. Que nadie se aventure en pensar que es una aceptación ciega y sin ningún tipo de fundamento, al contrario, es el accionamiento de una ley espiritual que no falla ni ha fallado jamás. *"Es, pues, la fe la certeza de lo que se espera"* (Hebreos 11:1).

Si logras fijar tus pensamientos en una dirección determinada, y lo sostienes todo el tiempo que sea necesario, se ampliarán tus límites mentales, *-porque todo límite es mental-*, hasta que llega un punto en que aquello que deseas entra en tu rango de alcance mental y, por lo tanto, se manifiesta.

Un análisis cuidadoso muestra que la fe es el fundamento de todo lo que hace el ser humano. Todo lo que eres y tienes, tiene su origen en tus creencias, y la razón de que esto sea así, la encontramos en que la mente fundamenta todas tus decisiones y acciones en base a los conceptos y convicciones que más predominan en tu saber. Ningún ser humano se atreverá a actuar más allá de los límites que le dicta su conciencia, y para nuestra dicha, esta se puede expandir tanto como deseemos.

Tu poder de creer se ejerce de tres maneras: **pensando, hablando y haciendo**. El pensamiento es el poder causal, las palabras y los hechos son el fruto de tu pensamiento. Muchas personas ahí fuera poseen una fe debilitada y mermada porque desconocen los tres pilares antes mencionados sobre los que descansa la fe, y cada vez que desean algo se ven desplegando un sinnúmero de incoherencias que obsequian al individuo en cuestión con todo tipo de disgustos.

Cuando se desea ver algo realizado hay que procurar que todas nuestras palabras y actos sean coherentes con nuestros pensamientos. La forma más alta de estructurar nuestro mundo mental es la oración, y ahí precisamente es donde, en muchos casos, se derrumba todo. Se suele mendigar a Dios o peor aún, dudar de su rango de actuación porque las apariencias muchas veces suelen hundir al orador en un laberinto donde él afirma que todo está en su contra.

No tengas dudas de ningún tipo en el corazón, ninguna duda de lo razonable de tu petición o de si es buena a los ojos de Dios. Disipa toda duda sobre lo que la voluntad de Dios puede conceder porque la mente Divina solo sabe dar en abundancia de todo aquello que es bueno: *"Pues si vosotros… sabéis dar buenas dádivas a vuestros hijos, ¿cuánto más vuestro Padre que está en los cielos dará buenas cosas a los que le pidan?" Mateo 7:11*

Nuestra fe debe ser tal que no pueda ser movida por las apariencias, y debe persistir cuando las imposibilidades parezcan enfrentarnos. Si has pedido algo a Dios y no lo has recibido, no pienses que Dios te lo niega. No, el único problema es que no has pedido bien. En lugar de detener tus oraciones, ajústalas. Continúa orando de todas las maneras correctas que se te ocurran, y eventualmente hablarás palabras que lleguen a Dios y estas serán la piedra angular que produzcan la respuesta de Dios a tus oraciones. La clave está en que la manifestación que deseas demostrar se crea a partir de tus propias palabras, y según su naturaleza, así serán tus resultados. *"Asimismo se realizará lo que tú determines..." Job 22:28*

En la Mente de Dios se halla establecida el modelo perfecto de aquello que deseas manifestar. Es pues, tarea del ser humano llamar a la manifestación esa idea perfecta y no la idea que posee en su mente humana y carnal. Cualquier intento de manifestar una condición o situación contraria a nuestra naturaleza Divina está condenada al fracaso, y se derrumbará, porque todo aquel *que edifica su casa (conciencia) sobre la arena (ideas inestables) ha comprado todas las papeletas para que descienda la lluvia, vengan los ríos, soplen los vientos y derrumben con ímpetu aquella casa. Mateo 7:26*

Así, procura por modelar y edificar en tu mente ideas de naturaleza espiritual. El hombre, el Hijo de Dios, ha heredado todos los atributos de su Padre, tal como se describe en el Génesis, el Padre creó todo por medio de la palabra, y por herencia espiritual, todo lo que decretamos se cumple. Cuando decretamos la curación, la salud brota rápidamente; cuando pensamos en la "Vida", la muerte desaparece; cuando declaramos la impotencia de la maldad; el vicio; la perversión; y toda malicia se derrite hasta finalmente disiparse.

Esa es la voluntad del Padre, el cual quiere que todos los hombres sean salvos y vengan al <u>conocimiento de la Verdad</u> *(1 Timoteo 2:4)*. Su voluntad es que manifestemos en la tierra todas las cualidades y condiciones que pertenecen al Reino de los Cielos. Este reino al que tanto aludió Jesús no es más que el ajuste ordenado de las ideas divinas en la mente y el cuerpo del hombre. Para encontrar este reino, el hombre debe volverse consciente de la Mente Divina y receptivo a su reino de ideas divinas, y estar dispuesto a ajustar sus pensamientos y acciones al estándar divino.

Solo entonces entenderemos que la salud; la libertad; la prosperidad; y el amor en sus más nobles y máximas expresiones son la única realidad. En ese punto, jamás expresaremos un mal deseo, ni nos detendremos en describir enfermedades, muertes, accidentes, o pecados, pues nuestras palabras solo se referirán a lo bueno, lo bello y lo verdadero.

Así será mi palabra que sale de mi boca: no volverá a mí vacía, sino que hará lo que yo quiero y será prosperada en aquello para lo cual la envié (Isaías 55:11). Es el destino del ser humano solo decretar palabras eficaces mediante el establecimiento de la Verdad en todos los departamentos de su ser. *"Al que cree todo le es posible"* no fue una frase vacía o poética de Jesús, sino que fue un llamamiento a ejercer el dominio que el Padre nos dio. ¡Despierta! ha llegado la hora de que tu *yo divino* triunfe y derroque cualquier versión limitada que hayas podido desplegar en el pasado: *y así será.*

Capítulo 3

El sendero espiritual

Jesús: En la casa de mi Padre hay lugar para todos

(Juan 14:2)

Por lo general, el individuo sin conocimiento alguno sobre este sendero posee, por un lado, la percepción de que no se puede avanzar en la vida espiritual mientras se esté en los negocios o de alguna manera ocupado en los asuntos terrenales, o bien, no se ve a sí mismo capacitado para ir regularmente a la iglesia y entrar en la dinámica de los varios rituales que la envuelven.

Estas percepciones erróneas han desalentado a muchos y han llevado a la nulidad, desinterés, o al abandono por completo de la búsqueda de la vida espiritual. Es cierto, que alguien que se entrega a "las cosas del mundo" o está mentalmente esclavizado por los ideales más bajos que hay en él no puede esperar llegar a las alturas celestiales, pero aquel que se propone espiritualizar su vida, enseguida se da cuenta de que todo lo que hacemos en nuestro día a día, puede ser abordado desde unas premisas más elevadas, y por tanto, perpetuar su existencia terrenal al modo propio de existir cuando se posee la inspiración del Espíritu.

Aquel que capta esto y se pone manos a la obra, no tarda en ver que a todo eso que antes le llamaba obstáculo o dificultad, en realidad es un poderoso medio de avance que Dios habilita para que subamos de peldaño o nivel. Deja de luchar con los asuntos del diario vivir, y se emplea en armonizar y poner en orden su mente, ya que ninguna situación puede ser perpetuada desde el mismo nivel mental que la produjo. Y al final de este maravilloso proceso que redime, purifica y clarifica al individuo que se emplea en ello, se vislumbra e interioriza la Verdad más liberadora de todas: tu cuerpo es el mismísimo Templo de Dios; tu mente es la tierra fértil en la que el Padre busca cultivar todas sus ideas celestiales; y tu destino no es otro que manifestar tu verdadero Ser —*El Cristo*-, y desplegar todos los atributos eternos e inmutables de tu *Padre*.

Esos atributos Divinos solo pueden ser desarrollados en la quietud mental. La mentalidad humana es como un espejo cuyos reflejos sólo pueden ser perfectos si el espejo está quieto. Este punto de partida se intuye hasta en aquellos que no están en el *Camino de la Verdad y la Vida,* y por ello, se ha pensado que la vida espiritual es irreconciliable con el mundo ajetreado y los muchos asuntos que llevamos a la espalda. Esto es una excusa más. El ajetreo del diario vivir, y la sensación que experimentan muchos de que hay tanto que hacer y tan poco tiempo para hacerlo, no es más que el reflejo de una falta de armonía y orden en sus vidas.

Cada actividad que vaya a ser desarrollada ha de ser encomendada al Espíritu Divino que hay en nosotros, entonces todas las cosas serán ejecutadas no con el esfuerzo y trabajo duro humanos, sino desde la paz y la inspiración. No hace falta entender esto desde todas sus dimensiones, solo ha de ser puesto en práctica y el estudiante de la Verdad se dará cuenta de que empieza a "deslizarse" y desenvolverse rápida y eficazmente en todos sus asuntos.

El alcance en nuestras vidas de la aplicación prolongada de esta metodología nos llevará a un puerto donde captaremos que todas las cosas, previas a ser desarrolladas terrenalmente, están hechas y terminadas en la Mente divina. Que no hay nada que hacer, nadie a quien enfrentar, ningún problema que resolver y, en lugar de estar cansado y agotado mentalmente como en antaño, incluso cuando comiences tu día, todo funcionará tan bien, que cuando llegue la noche estarás tan fresco como lo estabas por la mañana.

El único significado que podemos destilar del versículo de Juan 5,17: "*Y Jesús les respondió: Mi Padre hasta ahora trabaja, y yo trabajo*", es ese, que todo lo que ha de hacerse se lo podemos entregar al Padre y adoptar el papel de instrumentos Divinos.

Tú guardarás en completa paz a aquel cuyo pensamiento en ti persevera; porque en ti ha confiado (Isaías 26:3). No dejes que tu mente sea el lugar donde la distracción, los nervios y la confusión desfilen como en un carnaval. Dios, tu Padre, puede lograr todo en ti y a través de ti, perfectamente y sin esfuerzo.

Antes de esta práctica, será de gran ayuda despejar y limpiar los caminos internos por los que el Padre canaliza toda obra buena y sabia. El punto de partida más simple y eficaz es el de empezar a desligarnos de todos esos viejos pensamientos que tanto lastran al ser humano. Intentar edificar una conciencia espiritual en un terreno donde están los edificios de la pereza, la falta de propósito, la concepción de mal como realidad última de la vida y la fe en todo tipo de carencias y limitaciones, suele acabar mal, y posteriormente, debido a la frustración, esta experiencia accidentada les sirve a muchos para arremeter contra la espiritualidad.

"Y nadie echa vino nuevo en odres -recipiente hecho de cuero animal- viejos"... Así se refirió alegóricamente el Maestro sobre este principio. La energía mental empleada en cultivar los conceptos espirituales transporta a aquel que se aferra a ellos a los estados mentales y manifestaciones terrenales más armoniosos. Al contrario, el desgaste mental provocado por la cultivación de las preocupaciones y visiones sobre lo que es el ser humano y el mundo que encontramos en la mayoría, llevan por el camino de la ansiedad, la impaciencia, la irritabilidad, la incomodidad, los malos hábitos y el desgaste físico. La evidencia y el fundamento de lo que acabo de nombrar la encontramos en cuanto salimos a las calles.

Espero que con las líneas anteriores no se caiga en malinterpretaciones. No estoy diciendo que vivimos en un mundo decadente, ni que todas las personas excepto las espirituales experimentan esos estados, pero cuando interactúas con un número significativo de personas y a la hora de preguntarles ¿Cómo estás? Las respuestas son del tipo *"aquí luchando"; "estoy de pie que no es poco"; "diremos que bien",* sabes que hay algo que está fallando, y ese algo, no está en el exterior.

Que no se aventure nadie a inferir que, para el trabajador del campo, la mina, fábrica o aquellos que madrugan para mantener limpias nuestras calles son inevitables el cansancio, el agotamiento y la queja constante. Estas personas despliegan ese tipo de manifestaciones porque abordan sus tareas como una obligación y por el pensamiento sostenido de que nada va a mejorar.

Si esas personas se emplearan en amueblar sus pensamientos con amor por lo que hacen, desecharían para siempre esa falsa causa, la obligación. Eres un Espíritu libre, y hay un profundo y verdadero *amor- razón* detrás de todo lo que haces. Cuando el trabajo se hace por inspiración, no por transpiración, entonces germina y sale a la luz los recursos de la semilla del espíritu de Dios en nosotros, y todo tipo de formas y medios que facilitan el trabajo, brotan en nuestra mente. Es más, si son fieles en seguir esta metodología, se darán cuenta de que toda posición en la vida que no sea nuestro verdadero propósito es una estadía temporal para el aprendizaje, y si verdaderamente se forja el carácter y se capta mentalmente aquello para lo que Dios te puso en ese lugar, tu vida experimentará un avance donde la próxima parada solo puede depararte mejores condiciones que tu estado anterior.

La inspiración en todo lo que uno hace puede estar en cada parte de nuestra creación a través de la búsqueda de hacerlo perfectamente. Decía el famoso pintor Miguel Ángel: *"Nada hace al alma tan pura, como el esfuerzo por crear/hacer algo perfecto; porque Dios es la perfección"* … Haz las cosas con espíritu, no porque estés obligado a hacerlo, no por dinero o recompensa, sino porque conoces la Verdad, y esta nos dice que todo paso intermedio que finalmente desembocará en tu verdadero ser, debe ser superado con las más altas actitudes y aptitudes.

Quien quiera pertenecer a la morada del Padre, aparte de lo mencionado anteriormente, deberá hacer que su corazón coopere con el Espíritu al pronunciar sus palabras. Aquel que bendice todo lo que tiene y no malgasta su saliva en la crítica, la condenación, o la queja, demostrará que es más ministro del evangelio que cualquier autoridad religiosa conocida.

Nuestras palabras cargan de energía positiva o negativa *–según su naturaleza–* todo lo que contactamos o a aquello a la que la enviamos, lo sepamos o no, y hay sentidos en la humanidad que disciernen estas energías. Las cartas han revelado la naturaleza de su contenido antes de ser abiertas, los abrazos enseguida nos revelan el amor puro o impuro que profesa por nosotros una determinada persona, y por más que alguien nos sonría y nos endulce el oído con bellas palabras, nuestro Ser interior nos revela si sus intenciones o sentimientos hacia nosotros son genuinos o no.

"Transformaos por medio de la renovación de vuestra mente" dijo Pablo, y para quienes ante este versículo no hayan sabido ni por dónde empezar, empezad corrigiendo los malos y obtusos pensamientos por medio de la pronunciación de palabras que sean sinónimas a la paz, la bondad y el amor. Acompañad esta corrección de palabras con acciones de igual naturaleza. Deshazte de las muchas actividades frívolas, débiles, infructuosas y sin sentido a las que a menudo el ser humano recurre.

La vida y figura de Jesús no es un mito compuesto de leyendas, sino un testimonio histórico del maravilloso alcance de aquel que se une a Dios en cuerpo, mente y espíritu hasta superar la Cruz, es decir, la victoria y la gloria del *Yo Real* a través de la disolución y negación completa del yo terrenal. Ante la infinita variedad de actividades que le ofrecía la Palestina del Siglo I, él eligió formarse y elevarse espiritualmente, y cuando empezó su ministerio, sus caminos estaban libres de toda distracción, confusión o dispersión, desplegando allá donde iba una gloriosa expresión de talento y genialidad.

Esto puede ser hecho hoy. No significa recluirse en lo alto de la montaña, tampoco eximirse de las responsabilidades que actualmente poseemos, sino que cuando estemos libres de nuestros quehaceres terrenales, en vez de malgastar nuestro tiempo, lo aprovechemos y empleemos en las actividades del espíritu: leer, meditar, y orar. Estás aquí para expresar plenitud de todo lo bueno, pero esto no podrá ser una realidad a menos que abras tu mente y en ella se precipiten los ideales más altos.

Creedme cuando os digo que la dedicación a las cosas del Espíritu es más provechosa que cualquier actividad terrenal. Si eres de los que solo saben intercambiar comentarios banales sobre el tiempo y la salud, tus relaciones y las noticias. Si ves que en los círculos donde te mueves persisten este tipo de conversaciones decadentes, medita seriamente si verdaderamente quieres seguir sumergiéndote en esa dinámica. Tú eres más que todo eso.

Capítulo 4

Unión

¿Alguna vez te has preguntado quienes son estos dos que finalmente han de ser uno? En el ser humano hay dos "yo". Uno lo heredamos del mismísimo Dios *-yo Divino-*, y el otro lo hemos creado nosotros, la raza humana *–yo terrenal-*. La razón por la que la gente está tan perturbada, trastornada, y desconcentrada, es porque han olvidado quienes son realmente. Se han encariñado y aliado con el *yo terrenal,* y han olvidado Aquél que es la fuente de nuestra vida y felicidad; el poder que nos mantiene unidos; el gran medio por el cual podemos ordenar nuestras vidas y manifestar obras de curación, de dominio, de autocontrol y de restauración.

Ese al que se ha intentado olvidar es Dios, y con ello, la expresión del *yo Divino* ha quedado como una tarea que ha de ser abandonada para centrarnos en "las cosas reales". Al quedar esa maravillosa y excelsa tarea relegada al olvido, la mentalidad humana se ha visto abarrotada de todo tipo de conceptos erróneos que nos han obsequiado los actos de maldad, miedo y preocupación que todos conocemos de sobra.

Como resultado las facultades mentales y espirituales de muchos se han visto atrofiadas, y el origen de ello lo rastreamos en el intento de muchas almas de retener en su mente pensamientos que no pertenecen al yo Divino. La manifestación negativa de todo este atrofio se puede ver, por ejemplo, en las personas con demencia en una de sus derivaciones más comunes como lo es el alzhéimer. Nuestros científicos se han estado enfocando en los llamados factores de riesgo: la edad avanzada, los antecedentes familiares y la herencia, pero lo que obvian es que esa degeneración de las células cerebrales son la consecuencia de conflictos emocionales repetitivos no resueltos. Bajo esta distorsión la personalidad cambia, el humor se altera, la memoria se pierde, y la capacidad de razonamiento brilla por su escasa presencia.

Al punto donde quiero llegar con todo esto es que toda distorsión conocida en la vida de la raza humana es el resultado de no ordenar su mundo interior. Ese mundo interior no se puede aplomar ni estructurar con recursos exteriores, y mucho menos identificándonos con el yo terrenal que se mueve por impulsos e ideales de escaso poder de elevación. Sacar a la luz el *yo Divino* es nuestro destino, y cuando este logro se capte y afiance en un número significativo de personas, las preocupaciones humanas de hoy pasarán, y podremos concentrarnos en tareas de mayor provecho y satisfacción.

Hay dos formas complementarias que sin duda ayudarán a que ese *yo superior* sea la identidad que presentemos allá donde pisemos. Una es el conocimiento. Estudia lo que se ve y lo que no se ve, nunca te conformes con la ignorancia, adquiere conocimiento y comprensión, y pronto te encontrarás en un estado de lucidez mental y sabiduría que te harán discernir y elegir siempre lo superior y lo correcto. La otra, es el amor. De todos los atributos de Dios, el amor es sin duda el más hermoso. En la Mente Divina, el amor es el poder que une en armonía divina el universo y todo lo que hay en él; el gran principio armonizador conocido por el hombre.

El amor es una cualidad interior que ve el bien en todas partes y en todos. Insiste en que todo es bueno, y al negarse a ver nada que no sea bueno, hace que esa cualidad finalmente aparezca por encima de todo y todos. Su poder magnetizante atraerá hacia nosotros todo lo que necesitamos para hacernos felices y contentos, y nos mantendrá lejos de toda palabra o acción que sea antagónica a esta virtud.

Abrazar el *yo terrenal* tiene nefastas consecuencias. Aquel que no renuncia a sí mismo ni conoce a Dios, no puede conocerse a la perfección. El individuo que lleva por bandera la mentalidad carnal o mentalidad material *—solo existe lo que veo y mi esencia no va más allá de este cuerpo-* nunca sabrá quién es realmente ni qué ha venido hacer al mundo. El ser humano necesita cimentar su identidad espiritual, y cuando no lo hace nada le llena, nada le satisface, todos sus días son iguales, carece de propósito y, precisamente eso, acaba atrapando a muchos en un estado psicológico adverso. En la mayoría de los casos, esta situación deriva en una profunda depresión o en conductas autodestructivas (abuso de alcohol, drogas, y todo lo que sea la búsqueda de placer desmedido).

Ha llegado el momento en que las almas de este mundo busquen seriamente la paz en sus vidas. Y no nos engañemos, no vendrá con los supuestos tiempos mejores, ni cuando consigas tal o aquella cosa. La paz se apoderará de ti cuando la edifiques seriamente de la mano del único Arquitecto que puede levantar estados armoniosos y eternos en la vida de sus hijos e hijas, Dios.

Las personas no son tan dueñas de sí mismas como abogan serlo, ni dirigen sus vidas a su antojo y bajo sus propios conceptos. Esta legión de "rebeldes" enseguida evidencia mediante sus palabras y acciones que cuando salen al mundo exterior sienten de todo menos seguridad en sí mismos y vemos que, en realidad, les hace falta mucha fe y más confianza. Sin la instrucción espiritual, este pequeño, mortal y engreído *yo*, solo conduce a la pobreza, las enfermedades o las carencias, y en el peor de los casos, si la mentalidad se ha vuelto rígida y terca, conduce a las tres.

Por el contrario, el *yo Divino* conduce a la expresión de lo bueno, lo bello y lo verdadero. Esa es nuestra verdadera esencia, y cuanto más nos integramos en ella, la mente desecha automáticamente todos los mecanismos que impulsan los hábitos que manchan nuestra vida de errores y penas. El *yo superior* también incide en nuestra concentración y atención. La mayoría de personas tienen muy claro lo que no quieren en sus vidas, pero no pasa lo mismo al enumerar aquello que quieren.

El problema de esto se puede captar con este ejemplo: Si fueras a cruzar una calle embarrada, ¿mirarías hacia el barro? No, mantendrías tus ojos lejos de él, buscando los lugares secos donde podrías poner el pie con seguridad y evitar el barro. Pues esto que parece tan lógico no halla su igual en la vida cotidiana. Tener claro lo que no quieres, pero no lo que quieres, equivale a pisar el barro aun teniendo los espacios secos del ejemplo anterior. La mente busca seguir una dirección, y lo hace con las ideas que más estructuradas y afianzadas están en ella.

"Me mostrarás la senda de la vida; En tu presencia hay plenitud de gozo (Sal 16:11)" es la promesa sálmica para aquellos que busquen desvelar su verdadero *yo*. Senderos de rectitud, paz, equilibrio y poder le espera a aquel que decida ajustarse a la plantilla Divina con la que fue creado. Encontrarás que al recorrerlos te elevarás por encima de todo temor respecto a tus circunstancias, y entrarás en la vida inspirada, en la que cada paso será más firme que el anterior, y donde no podrás equivocarte ni estarás ansioso por nada. Camina en esto, día a día, porque caminar con Dios es permanecer en la plenitud de alegría para siempre.

Capítulo 5

La elevación del cuerpo

La expresión eclesiástica *"Salvación"* se centra en la persona y obra de Jesucristo y cómo se hace posible la salvación del alma, **creyendo que su sacrificio sustituye el castigo personal por el pecado** (muerte), lo que implica un arrepentimiento y una vida transformada a la voluntad de Dios. Se ha hecho toda una doctrina en torno a este concepto, y como en casi todas las concepciones religiosas, se ha desvirtuado y distanciado al creyente del verdadero significado.

Un estudio fiel de las enseñanzas del Maestro enseguida nos revela dos cosas: **primero**; que el *Reino de los cielos* al que tanto aludía era el ajuste ordenado de las ideas divinas en la mente y el cuerpo del hombre, y que era el propio ser humano que debía establecerlo aquí en la tierra. Esto explica las numerosas parábolas y comparaciones que dio del reino. Todas ellas fueron referencias ilustrativas, ya que el reino nunca fue descrito como un lugar ubicado en algún paradero distante. Y **segundo**, que la salvación, no era exclusiva del alma, sino que el cuerpo debía regenerarse en consonancia.

El destino del hombre es que su cuerpo sea la viva expresión de la Mente Divina que reside en él, donde la salud es eterna, la vida es inmortal y la belleza, la gracia y la fuerza nunca pasan. Una expresión un tanto "fantasiosa" dirían algunos porque han inspeccionado su cuerpo con ojos terrenales y han determinado que está sujeto a las leyes físicas y que poco o nada pueden hacer por él.

Cuando se establece en un individuo los ideales espirituales, la mente se niega a asociarse con el llamado conocimiento común, y descubre que toda edificación *(en su forma final)* esta cimentada de unos materiales, los cuales, dan testimonio de la calidad de los mismos, y en la misma línea, el cuerpo humano da testimonio de la calidad de los pensamientos que lo sostiene.

Guarda tu corazón; porque de él emana la vida

Proverbios 4:23

Esta comprensión de su cuerpo puede revelarle qué tipo de pensamiento pertenece a cada órgano. Para ilustrar lo que afirmo, las células del corazón están formadas por pensamientos de amor. Si tus pensamientos sobre el amor son agradables y verdaderos, entonces el corazón desplegará un funcionamiento excelso, pero si hay pensamientos infelices sobre el amor: conflictos emocionales, ira, odio, resentimiento, crítica, etc…el individuo en cuestión será el anfitrión de todo tipo de enfermedades cardiovasculares.

Parece increíble, pero es así. Ahora, echemos una mirada metafísica a la cabeza, que engloba el rostro y la mente. Pues bien, la cabeza en su magnitud espiritual y original debería estar libre del sentido de limitación, con libre circulación de ideas, nunca verse congestionada por el miedo o el falso egocentrismo, ni eclipsada por la ignorancia o la carencia. El propósito de la mente es uno: reflejar la sabiduría del Padre, y cuando ponemos trabas a esa premisa, surgen las migrañas, las cefaleas, y las neuralgias en todos sus grados y subtipos.

La mente también es la que recibe y procesa la información que nos hacen llegar nuestros cinco sentidos. Por ejemplo, **Los ojos** representan la percepción. Se atrofian o apagan cuando no paras de inspeccionar las faltas de otros *(ojo crítico en su sentido negativo)* o cuando hay una sobreexposición a actos de maldad *(Véase la mirada de los soldados de la II Guerra Mundial)* o a pasiones que se llevan al campo de la lujuria y la depravación.

Los oídos, el entendimiento. Se atrofian cuando no se está dispuesto a escuchar. Cuando se es muy obstinado, o cuando incluso hay una negativa constante a cooperar en aquello que no encaje con los parámetros mentales del individuo en cuestión. Aquel que quiera sanarse de la sordera, en cualquiera de sus grados, deberá amansar y calmar su espíritu, y cuanto menos escuche, más se debería esforzar en entender a los demás. **El olfato**, el discernimiento. Cualquier síntoma adverso en la nariz indica que estoy viviendo en un ambiente que me desagrada o que estoy soportando situaciones que no quiero vivir.

Y no nos olvidemos del rostro. Aquel que quiera luz en la piel y suavizar los contorno y las líneas del rostro, deberá ocuparse en el despertar de su alma. Cuando no hay separación entre lo Divino y tú, y la mente se eleva por encima de la materialidad, nuestra expresión facial deja de contraerse y envejecer, porque levantada el alma, la vida en el cuerpo se expande y masifica.

Ahora dirijamos nuestra atención a Proverbios 3:21-22: *"Hijo mío, no se aparten estas cosas de tus ojos; Guarda la prudencia y la reflexión, Y serán vida para tu alma, Y **gracia para tu cuello"**.* El puente entre el corazón y la cabeza es el cuello, y la *gracia* es la asistencia amorosa de Dios en nuestro desarrollo de conciencia. Cuanto más receptivos y cooperativos somos en el desarrollo de la conciencia, más se fortalece nuestra alianza con Él. En el cuello podemos localizar la garganta, que espiritualmente representa nuestra fe en el poder de expresarnos y afectar positivamente a todo y a todos, tanto en silencio como audiblemente. La voz humana debe reflejar la voz de Dios. La expresión del Espíritu es clara, libre, autoritaria, pero calmada, y la meditación en esta premisa te llevará a una correcta expresión vocal.

El poder que confirió el Padre al ser humano fue el dominio sobre las cosas que le rodeaban y el autodominio. Esta bendición no solo se restringe al ámbito del habla, sino que el cuerpo debe expresar en el mismo grado esa autoridad. Que nadie piense que estoy hablando de la autoridad concebida terrenalmente. No hablo de recorrer las calles con prepotencia, arrogancia y desprecio hacia los demás. La autoridad que se destila de aquel que posee una conciencia espiritualizada es la firmeza de sus hombros, los brazos, las manos y su espalda, debido a que ha adquirido maestría sobre los principios Universales de la Verdad.

La curvatura de espalda, los hombros caídos, el esconder las manos o los brazos, son síntomas de limitación, baja autoestima, restricciones mentales sobre que puedes llegar a ser, hacer y tener, sentimientos de ataduras, insuficiencia, ineficacia o inhabilidad, y dan testimonio de que el ser humano no ha llegado a comprender qué lugar ocupa en la Creación. El nacimiento de todo autorechazo, el poco interés que despertamos en los demás y las injusticias que tristemente sufren algunos halla su origen en la pobreza de conceptos mentales elevadores que se posee, y si tal persona piensa que se sentirá más confiado después de diez sesiones de terapia psicológica, no sabe lo que le espera si cultiva su mente desde el espíritu y lo que esto supone en la compresión de la vida. Si alguien se lo está preguntado, supone entender que no hay que cargar con ninguno de los conceptos densos y castrantes de este mundo, sino que nuestro mundo – *la realidad en la que cada uno vive-* se levanta según los pensamientos más predominantes que poseemos sobre nosotros mismos y cada área de la vida, y esa realidad puede ser todo lo excelsa que nuestra mente pueda concebir.

La juventud no es un tiempo de la vida, es un estado del Espíritu

Mateo Alemán –Novelista del S XVI-

Se sabe que en antaño no eran pocos los hombres que viajaban en busca de una fuente que les devolviera la juventud, la fuerza, la belleza y la alegría que pertenecen a los primeros años de la vida humana. Hoy en día, con la ciencia, los sucesores de estos hombres son nuestros científicos que han cambiado los mapas y provisiones por instrumentos de precisión, fármacos senolíticos, terapias génicas, etc.

En el "campo" de la juventud eterna podemos destacar dos científicos, que no solo creen que el envejecimiento se puede retrasar, sino que desafían todo paradigma diciendo que se puede evitar. Ellos son el Dr. David Sinclair y Dr. Aubrey de Grey.

En sus libros *"Esperanza de Vida"* y *"El Fin del Envejecimiento"* respectivamente, colocan a la luz de los lectores como en un par de décadas el paradigma de la vejez pasará a la historia.

El único problema es que nosotros no fuimos los diseñadores del cuerpo humano, y tenemos que descubrir cómo funciona para hacerlo trabajar mejor y por más tiempo.

Dr. Aubrey de Grey

El **Dr. Aubrey de Grey** nos dice que le sorprende que no nos llame la atención que al final de la vida nuestros mayores carguen con todo tipo de enfermedades degenerativas y la pérdida de facultades motrices. Señala además que, si observamos el mundo entero, la cantidad de muertes que ocurren cada día es de aproximadamente 150 000 y alrededor de dos tercios de ellas se deben al envejecimiento.

Es llamativo que siendo la vejez la primera causa de fallecimiento, la comunidad científica no está volcada en ello, y el Dr. Aubrey piensa que no la hemos superado ya porque hay una tendencia a pensar que hay algún tipo de inevitabilidad en el envejecimiento. Este experto enfatiza en que la gente necesita entender que el envejecimiento es una condición anómala que se puede detener y se puede revertir.

Las dolencias y enfermedades de la vejez son consecuencia de la acumulación de daños auto-infligidos a la mente y el cuerpo, y de la exposición a factores ambientales (alimentación, ejercicio, medicamentos y sustancias químicas). Aclara que el enfoque de la humanidad se debería desligar de retrasar el envejecimiento *-distanciándonos de la terrible industria de la guerra a la vejez: las* *cremas antiarrugas, las pociones y las pastillas que no sirven para nada-*, y redirigir esa atención en extender la vida sana mental y corporal.

Sumado a lo expuesto en líneas anteriores, de Grey ataca con argumentos de peso las dos ideas principales de sus detractores: el problema la superpoblación y la economía mundial. Enfatiza en que hace dos siglos Thomas Malthus decía que el mundo iba a la superpoblación, y se equivocó. Expone como la tecnología está avanzando, y demuestra que, contrariamente a lo que se cree, el mundo es cada vez más próspero, más rico y más limpio. El problema de vivir más no es la superpoblación. Lo que es realmente caro es el estado con que la gente llega a la vejez. Si la gente no envejece, sobrará dinero porque caerán los gastos médicos. Hoy día, el 80% del gasto médico es para los últimos cinco años de la vida de nuestros mayores, y ni así se evita que mueran.

Finalmente, menciona que la pandemia ha sido irónicamente buena para las investigaciones en el campo del envejecimiento, porque la mayoría de los fallecidos han sido personas mayores. El *covid* ha sido una tragedia para los mayores y ha impulsado los estudios para rejuvenecer el sistema inmunológico y esto ha ayudado a la ciencia a avanzar.

En lo que se refiere al campo del experto en cuestión, él trabaja en la biotecnología del rejuvenecimiento que es una nueva plataforma de biomedicina que aplica los principios de la medicina regenerativa a la estructura del cuerpo en todos los niveles: desde los órganos y tejidos, pasando por las células, hasta las estructuras moleculares dentro y alrededor de ellas. De Grey calcula que en 10 o 15 años, estarán disponibles para la población, y que supondrán un antes y un después en la sociedad.

No hay ninguna ley en biología que diga que debemos envejecer

Dr. David Sinclair

El ***Dr. David Sinclair*** hace especial hincapié en que la forma en que vivimos nuestras vidas tiene un gran impacto en la salud tanto a corto como a largo plazo. Para Sinclair, basándose en su experiencia y estudios, el envejecimiento es una enfermedad. Resalta que, aunque es común, el hecho de que lo hayamos catalogado así no lo hace aceptable.

Al igual que Aubrey, reprocha que no se investiga la causa raíz del envejecimiento. Nuestros laboratorios tienden a centrarse más en tratar las consecuencias del envejecimiento, y este enfoque para Sinclair es encasillado como <miope>.

Los resultados de sus estudios confirman que las anomalías en la familia de las proteínas, conocidas como sirtuinas, son la única causa del envejecimiento. Las sirtuinas son responsables de reparar el daño del ADN y la salud celular en general al mantener las células activas. Con el tiempo, las células específicas de cada órgano no hacen tan bien como al principio su función o bien el propio ciclo vital de estas no se desarrolla como debería desarrollarse, y esto va degenerando el cuerpo. En palabras de Sinclair: cuanto más envejecemos, más probabilidades hay de que muramos a causa de una lesión o una afección. En realidad, una persona mayor no muere por "x" enfermedad, sino que la vejez le propició el escenario idóneo para que esa enfermedad se expandiera y la redujera.

Por eso señala que es absurdo que la sociedad elija centrarse únicamente en las dolencias individuales derivadas de la vejez cuando podemos abordar la causa raíz de esos problemas, y al hacerlo, podríamos afectar significativamente todas esas dolencias individuales. La investigación de Sinclair se centra en estudiar compuestos químicos que pueden promover la longevidad y vitalidad. Argumenta que compuestos como rapamicina, metformina, resveratrol y potenciadores de NAD *–precursor de la sirtuinas-* son opciones viables. También habla de una clase de medicamentos llamados *senolitos* que están actualmente en desarrollo y, por último, nos pide que no descartemos la idea de que en un futuro entre en escena una vacuna anti-envejecimiento. Algunos científicos, entre ellos Judith Campisi del Instituto Buck de Investigación sobre el Envejecimiento y Manuel Serrano de la Universidad de Barcelona, ya están trabajando en la idea.

Como hemos visto, ambos científicos coinciden en que el daño celular y molecular impulsa el envejecimiento. La acumulación de este daño en el tiempo es lo que impulsa el aumento progresivo de la fragilidad, la enfermedad y la discapacidad que ahora sufren las personas mayores. Ahora bien, queda un vacío cuando señalan que el cuerpo tiene una gran cantidad de maquinaria antienvejecimiento incorporada y que simplemente llega un momento donde no da su 100%, por lo que permite que ocurra y se acumule una pequeña cantidad de diferentes tipos de daños moleculares y celulares. Es más, lo más llamativo es que ese momento no es común para todos los miembros de la raza humana. Nunca sucede en una misma franja de edad, aun cuando comparten los mismos hábitos saludables. ¿Por qué? No lo saben con exactitud.

Ante esta paradoja, ¿qué conclusiones podemos sacar? Es necesario remarcar que ambos enfatizan en el hecho de que en el futuro esas soluciones anti-envejecimiento que actualmente están en desarrollo no serán de un solo uso. Por decirlo de alguna manera, cada cierto tiempo habrá que pasar por el "taller" para realizarnos un mantenimiento. Como en todo tratamiento o toma de medicamentos actual, la idea es curarnos y dejar de tomarlos. Nadie quiere depender toda su vida de pastillas e ir regularmente a un centro médico a que se le suministre "x" sustancia.

Como bien dijo *de Grey, no fuimos los diseñadores del cuerpo humano,* y cualquier solución que inventemos será temporal. Lo único que es eterno es aquello que nace del espíritu. Cuando aparezcan esas fórmulas anti-envejecimiento espero que nos obsequien el tiempo necesario para que cada persona que las tome pueda llegar al despertar espiritual, y no deleguen su vitalidad y longevidad a la medicina.

Cada uno de nosotros tiene el poder de hacer de su cuerpo todo lo vital y joven que se quiera. Si el cuerpo posee un arsenal de mecanismos para combatir el envejecimiento, su decadencia solo puede explicarse espiritualmente. Por la sabiduría espiritual sabemos que este devenir viene impulsado por tres vías: la **incredulidad, frialdad y odio.** La incredulidad se expresa como miedo, falta de propósito, desánimo y materialismo. La frialdad, como indiferencia, egoísmo, insensibilidad hacia la humanidad que te rodea, mientras que el odio tiene muchas de las manifestaciones que llamamos malicia, venganza, envidia, falta de perdón, etc.

La juventud es sinónimo de crecimiento. Mientras la mentalidad pueda cambiar, habrá crecimiento. Por lo tanto, aquellos que quieren ser eternamente jóvenes deben desechar hábitos de pensamiento que estén sujetos a la incredulidad, el convencionalismo, el conservadurismo, y del mal en todas sus formas.

De las tres vías, la incredulidad me parece la detonante de las otras dos. Somos sanados de la incredulidad al estar dispuestos a creer sólo en el bien, sin importar si nuestros sentidos testifican lo contrario. Razonar a partir de los sentidos puede parecer plausible y correcto al principio, pero al final conduce a las conclusiones más amargas. Toda amargura y sentido de injusticia desaparecerán cuando el ser humano se dé cuenta que no está solo en este escenario llamado vida. El Creador dejó un manual para que no tengamos que aprender a través de la terca experiencia. Este manual son las leyes e ideas espirituales, las cuales, arrojan luz sobre la verdadera naturaleza de las cosas, y su correcta comprensión, lleva al hombre a pensar, sentir, decidir, y actuar de la manera más eficaz siempre.

Nadie puede resolver el enigma de la vida si no tiene despierto el sentido espiritual, y solo cuando discernimos el Espíritu de todo aquello que nos rodea podemos encontrar su secreto y resolver su misterio. El planeta tierra es el Jardín del Edén, y en medio de esta obra perfecta, hay un árbol cuyo fruto provoca delirio, confusión, miseria, visiones intoxicadas de la vida y que nos hace perder los valores y las proporciones correctas.

Este árbol se llama *no creo en Dios,* y aquel que se engañe a sí mismo y piense que puede seguir comiendo de ese fruto y dirigir su vida con sus propias reglas e ideas, se está poniendo una venda en los ojos y renunciando a ver y entender con claridad el mundo. Leonardo Da Vinci retrató esta actitud cuando dijo: *"Desperté solo para descubrir que el resto del mundo todavía estaba dormido".*

"Todo el mundo es un escenario, y todos los hombres y mujeres son meros actores" decía Shakespeare. Y de todos los papeles que podemos adoptar, el de ciego, ignorante e incrédulo es el peor. Al adoptarlo, la vida nos parece un laberinto, y al no encontrar una salida, el ser humano se deteriora y muere.

En la antigua Palestina, los hebreos poseían un tabernáculo que tipificaba el cuerpo y el alma en comunión con Dios. Esta construcción poseía un espacio llamado *Sanctasanctórum,* y a él no podía acceder nadie que no fuera catalogado como puro. Esto es, una persona debidamente instruida en lo espiritual, y no solo eso, sino que durante su tiempo de instrucción debía haber una coherencia entre los conceptos que aprendía y su modo de actuar.

Unos mil años más tarde, para la época de Jesús -*Siglo I-, las* enseñanzas del Maestro elevaron de tal modo la conciencia de los que les rodeaban que llegaron a la conclusión de que el Templo de Dios éramos nosotros mismos, y que su Espíritu moraba en todos los departamentos de nuestro ser. Entonces, el lugar donde lo puro debía penetrar e instaurarse era en nuestra propia conciencia.

El candidato a un cuerpo renovado sabiamente pasa de pensar en sus formas y limitaciones humanas y da entrada al conocimiento que estructura correctamente su mente. Toda discordia proviene de la terrenalidad del pensamiento y la turbulencia del sentimiento, y bajo estas tensiones, las células, cuya base de vida es la armonía, no pueden resistir ante estas discordias. El egoísmo marchita el cuerpo, la lujuria lo corrompe, la avaricia lo oxida, el orgullo congestiona y colapsa el libre fluir de las ideas en la mente, y la exposición constante a la preocupación y el miedo son venenos que socavan los mismos huesos, empobrecen la sangre y debilitan los tejidos y nuestro sistema nervioso.

Este cuerpo debe ser liberado de todas esas manchas oscuras, de la suciedad, de la opacidad, que provocan esos estados mentales adversos y que impiden el resplandor de nuestra luz interior. El destino del ser humano es ser la viva imagen que Dios posee de todos nosotros, indestructible e incorruptible, perfectos de salud y llenos de sentido existencial.

Esta es la gran obra que nuestro Padre nos ha encomendado: probar que no hay sino perfección; que no hay sino paz, pureza y bondad. No os dejéis engañar de las apariencias. Todo lo que nos rodea *—las personas, las situaciones...—*, no son más que las fuentes que retroalimentan todo aquello en lo que hemos puesto nuestras más profundas convicciones. No están ahí por casualidad, ni porque es *"lo que nos ha tocado"*, sino que todos ellos son los conceptos ante los que nuestra mente ha sucumbido, y persistirán tanto como lo sigamos alimentando.

Capítulo 6

Sin Cruz, no hay Cristo

> *Y cualquiera que no toma su propia cruz y viene en pos de mí,*
> *no puede ser mi discípulo*
>
> *Lucas 14:27*

Todos los que están contemplando recorrer la Vida Crística hasta su glorioso final deben empezar a considerar todo lo que eso significa. Aquel que decida emprender ese camino debe saber que está recurriendo a desarrollar la tarea más grande de todas: poner los cimientos y erigir sobre sí un cuerpo y una mente incorruptible.

Echemos un vistazo a la cruz. Para las comunidades cristianas significa que Jesús se sacrificó por nuestros pecados, y que mediante ese acto nos libró de toda condena y la muerte. Pero Jesús nunca dijo nada de eso. Esa afirmación es una interpretación religiosa y limitada, y defenderla induce a al auto-engaño y al retraso de la trasmutación del *yo terrenal* al *yo Divino* que ha de suceder en cada uno de nosotros.

En realidad, la barra perpendicular simboliza la corriente interior de la vida divina, y la barra horizontal simboliza la limitación humana, la cual, como sucedió en Jesús, va a apoyada en cada uno de nuestros hombros. Las limitaciones humanas parecen cruzar y obstaculizar el yo Divino en nosotros, pero al final, ha de prevalecer nuestra identidad Divina para que los estados intoxicados y difusos de la conciencia se disipen.

Al final del viacrucis, lo que verdaderamente ha de crucificarse son las numerosas identidades distorsionadas y negativas que el ser humano ha tomado para sí mismo. Así, se abre paso para que la conciencia del Cristo halle dentro de cada uno de nosotros las vías mentales y espirituales en las que instaurarse.

Mediante esta fina tarea, todos los sentidos se vuelven muy refinados y sensibles a lo espiritual, de modo que uno oye instantáneamente la suave llamada del Padre. Nadie esta demás en la Tierra. Todos están siendo llamados a la Vida Perfecta, y el que oye esta llamada no debe dudar en seguir las instrucciones de esa dulce y grandiosa voz para finalmente manifestarla.

No os aferréis a vuestra manera actual de vivir. Despojaos de ese yo terrenal que está viciado conforme a los deseos y sueños más engañosos, y renovaos espiritualmente en cuerpo y alma. El fruto más inmediato de esta renovación es la excelsa comprensión de lo que somos y lo que nos rodea. Enseguida entendemos que no podemos hacer ni ser nada por nosotros mismos. Allí donde se manifiesta la belleza; la habilidad; la valentía; la fuerza; el ingenio; el talento, es la misma luz de la presencia de Dios que brilla a través de nosotros.

Otro de los efectos es que la conciencia evoluciona de tal forma que abandonamos el "¿Qué gano yo?" "¿Dónde entro yo?" para dar lugar al "¿Cómo puedo servir a los demás?". En tal manera de pensar no hay esclavitud, ni falta de personalidad, sino que al dejar el primer paso a que los demás se expresen según su propia naturaleza, tú puedes responder de manera equilibrada, lleno de paz y en su correcta magnitud de acorde al grado positivo o negativo del proceder ajeno.

También cambia nuestra percepción del amor. Amar es la señal suprema de que uno está en el Camino. Aunque uno tenga una creencia correcta, una fe que obra milagros, una moralidad intachable, un nombre para la mayor filantropía, si no hay amor, no hemos entendido nada. El amor no traza ninguna línea con nadie. No espera a encontrar la amabilidad, sino que con cada enemigo sólo encuentra una mayor oportunidad de perdonar y amar hasta que tal enemistad se haya ido para siempre.

Amar a los que nos injurian no significa buscarlos y persistir en formar parte de su círculo. Significa que por cada acto o palabra desagradable que envíe esa persona, irradiaremos un pensamiento genuino hacia tal individuo y nos alejaremos en armonía sabiendo que toda lucha contra personas o situaciones de la índole más baja es una pérdida innecesaria de tiempo y energía.

Es fácil amar a los que nos aman, podemos girar en un círculo de satisfacción cuando no hay oposición en nuestras vidas. El progreso llega cuando la oposición nos presiona para salir de nuestra área de confort y en la que aparentemente estamos seguros. Así pues, no permitas que ningún pensamiento limite tu poder de perdonar. Que tu perdón sea algo más que un sentimiento;

considéralo la dinamo que disipa toda oscuridad o confusión con la maravillosa luz de la Verdad. Quien no basa su juicio según las apariencias, no juzga en absoluto. Porque las apariencias son la combinación del bien y del mal. No viendo el mal no tenemos nada que juzgar ni por lo que perturbarnos.

En último lugar, pero no menos importante, el *yo Divino* nos revela que Dios es el único Poder. Todo el poder que las posesiones y el dinero parecen tener es el que la propia raza humana le ha otorgado. Todo deseo de posesiones debe transmutarse en un supremo deseo de conocer a Dios. Ni la pérdida ni la ganancia de las cosas perturban o desestabilizan a aquel que busca los tesoros del cielo *-Mateo 6:20-*.

Solo el Padre puede guiar a uno más allá de los lugares peligrosos donde otros han caído. Y para oír el más leve susurro de su Voz en nuestro interior en cualquier momento que se necesite claridad y consejo, hay que apelar a la forma suprema que tenemos de conectar con Él: la oración. Por lo tanto, el seguidor exitoso de Cristo aprende a orar sin cesar. Date cuenta de que no puedes pedir nada que no se te haya dado ya. La oración borra el tiempo y el espacio entre lo que deseas manifestar o recibir y tú. Cada tentación de fracasar, debe transformarse en una ocasión para comulgar con Dios sobre el éxito. Cada insinuación de estar enfermo, de tener miedo, de desanimarse, de errar, significa para aquel que busca la elevación, una oportunidad para hablar con su Padre celestial sobre la Salud, la Fe, el Valor, el Amor, la Vida y el Bien de todo tipo.

Capítulo 7

Sobre el Juicio

No juzguéis según las apariencias
Juan 7:24

En el capítulo siete del Evangelio de Juan encontramos registrada esta elevada exhortación: *"No juzguéis según las apariencias"*. Ahora bien, aquel que lee esto puede estar preguntándose cómo se puede llevar a cabo tal tarea, y para entenderlo, debemos apelar al estudio de la mente.

Los ideales de las personas se agrupan en un centro común, y sobre esta base, se desencadenan todas las acciones de un individuo. Esto es cierto, y no hay forma de rebatirlo. Nunca encontrarás a alguien que actúe fuera del rango de aquellas ideas que más arraigadas están en su mente.

Siendo esto así, vemos como las ideas que tenemos de las cosas se cristalizan en la mente. Sean de naturaleza buena o mala, la mente centra sus energías en retroalimentar aquello en lo que hemos puesto nuestra fe y, en consecuencia, nos vemos materializando esos conceptos que constituyen nuestra autopercepción de la realidad y terminamos rodeados y envueltos con las personas y los escenarios de la misma índole.

Ahora volvamos a la frase del encabezado: *No juzguéis según las apariencias…**sino juzgad con justo juicio***. ¡Vaya! Obviamente omití la segunda parte de la frase con un claro propósito. Juzgar con justo juicio es precisamente lo que separa a aquel que aborda sus asuntos de manera espiritual, y no recurre al proceder de las masas.

La mayoría de personas no se detienen a monitorear la naturaleza de las ideas que impregnan sus mentes. No se cuestionan si lo que creen está elevando o hundiendo sus vidas. Es más, habrá quien piense que los pensamientos que uno sostiene y el compendio de resultados que uno atesora no tienen nada que ver. ¡Grave error! A su debido tiempo despertarán.

"Juzgar con justo juicio" significa persistir en liberar a la mente de las ideas estrechas. Es un hecho científico que toda idea produce un efecto, y esta recae sobre cuerpo, mente y conducta por diferentes caminos.

Pero ¿Por qué es tan poderosa una idea? Todo lo que tiene nombre en el mundo de los efectos o mundo exterior se conoce en el mundo de las Causas o mundo interior por su imagen, y es interesante como en los seres humanos no existe pensamiento sin imagen ni imagen sin pensamiento. La imagen mental que tenemos del mundo y de nosotros mismos empieza a configurarse poco tiempo después del nacimiento. Al inicio es indefinida, pero al pasar los años, enriquecerse el pensamiento, y aumentar el conocimiento, adquiere plenitud.

Así que, en realidad, las ideas son imágenes mentales. La mente no entiende de nombres, sino que forma una imagen, y es el intelecto *-facultad de la mente que permite formarse una idea determinada de la realidad-* el que la nombra. Podemos tener una idea, pero olvidar la palabra que utilizamos para nombrarla, o que sea sintácticamente imposible de expresar en nuestro idioma pero que aun así siga teniendo sentido. Ahí reside el poder de las imágenes mentales que albergamos.

De este breve, aunque revelador estudio, se destila que una representación mental nunca será una copia exacta de lo que la originó. La forma en que nos auto-percibimos, vivenciamos e interpretamos los sucesos que nos acontecen diariamente son estructuraciones mentales que hemos ido cimentando con el tiempo y serán modificadas o no según la naturaleza y calidad de los ideales y significados que el individuo asocie a esas representaciones mentales.

¿A dónde nos lleva todo esto? A que nos juzguemos según las apariencias. Lo que eres hoy y el estado de cada una de las áreas de tu vida se sostiene por los pensamientos, sentimientos y acciones que despliegas. El filósofo italiano Nicolas Maquiavelo solía decir que "En general, los hombres juzgan más por los ojos que por la inteligencia, pues todos pueden ver, pero pocos comprenden lo que ven".

Sin embargo, ahora nos encontramos ante este tratado donde podemos entender que toda idea es una representación mental la cual buscamos reproducir fielmente en todos nuestros pensamientos, sentimientos y acciones.

Supongamos que has circunscrito a Dios como un hombre sentado en algún lugar de cielo, y le has asociado los sentimientos y comportamientos humanos ¿Adivinas? Nunca lo conocerás, e ignorantemente pensarás que no existe. Pero si lo has captado como Él es, Espíritu Supremo capaz de transcender y trasmutar toda forma a su representación perfecta y armoniosa y te has convertido en su agente libre para manifestar tales condiciones, no hay nada dentro del alcance de tu imaginación que no puedas lograr.

Si crees que la Vida que hay en ti, la cual es un atributo del Omnipresente, está sujeta a que el tiempo la desgate y aminore y finalmente tu cuerpo se desintegre, has allanado el camino para que esa apariencia/imagen mental llamada "muerte" toque tu puerta.

Si crees que la presencia de debilidad u atrofiamiento en algún órgano o parte de tu cuerpo no tiene remedio, o que hay escenarios o situaciones en la vida donde te es imposible avanzar, o que hay lugares donde tu nunca podrás llegar, has formado una imagen mental empobrecida de ti, y eso mismo obtendrás.

La percepción intuitiva de la mente de que el Bien nos pertenece se ve claramente retratada en las personas que viven en el reino de lo externo; creen en amuletos, creen en la suerte; en los horóscopos; y se adhieren a un sinnúmero de prácticas supersticiosas que supuestamente atraen lo bueno.

Estas cosas no dan resultado palpable alguno, pero esa tendencia mental evidencia que es imperioso cultivar en nuestras mentes ciertas verdades espirituales fundamentales, porque de lo contrario, nunca vamos a establecer lo bueno, lo justo y lo perfecto, o peor aún, tristemente pensaremos que tal modo de existir es una fantasía.

Se debe conocer la ley del poder de la palabra y la de tu propio pensamiento. La gran revelación de este tratado es que todos estamos trabajando para cumplir algún ideal. Ese ideal puede ser alto o bajo, simple o complejo; todo depende de la imagen mental con la que nos hemos identificado.

Ahora, puede que alguno se acoja a la frase preferida del perezoso: "no puedo cambiar lo que soy"; no puedo cambiar la imagen mental que tengo del mundo y de mí mismo, simplemente me acomodaré a la vieja rutina de siempre, y tal vez el Señor, o tal vez algo más me ayude a salir". Nunca saldrás de esa manera.

Si alguna vez tu mente ha articulado un ideal para ti que parece muy grande, y las insuperables dificultades aparentes que hay entre tu ideal y tú hace que te estanques debes saber que estas opacando y frustrando la acción de la Mente Divina en ti. Porque allí donde se desea representar los más altos ideales; los más grandes atributos; y desplegar las más bellas virtudes, es la mismísima voluntad de Dios buscando transmutar tu vida.

Es la voluntad de Dios que seamos íntegros y manifestemos plenitud en todas las áreas, y sabiendo la verdad de que cada uno de nosotros está completo a los ojos de Dios, no tenemos que dejar limitarnos por las leyes hechas por el hombre. Sabemos que estas leyes han traído destrucción y limitación. ¿Qué sentido tiene seguir alimentado esas apariencias tan decadentes y de poco provecho? Reformemos pues nuestra mente y espíritu. No hay tarea más urgente o importante que esta. Seamos sabios y no la pospongamos para algún tiempo futuro.

Capítulo 8

Sobre las capacidades

El ser humano fue creado para un propósito especial, y todo este maravilloso viaje llamado vida, todos los escenarios que la componen, tienden a hacer surgir esa idea en nosotros. Dios te conoce, y cada uno de los escenarios por los que has tenido que pasar, en realidad, eran puestos de preparación.

La Mente Creativa nos creó para que seamos su expresión en la tierra. Ahora bien, si Dios nos arrojara con un desarrollo de la conciencia, virtudes y atributos supremos, seríamos un mero autómata, una pieza de maquinaria más. No tendríamos libre albedrío; no podríamos elegir ser lo que somos o no serlo.

Así que es tarea de cada individuo saber quién es realmente. Cuando se conoce la verdadera identidad del ser, descubrimos que somos, ante la presencia del Padre, la mujer y el hombre ideal. No existe tal cosa como los fallos, las carencias y limitaciones en la Mente Divina, y al reconocer ese lugar tan especial que poseemos en la Creación, nuestras tendencias y hábitos cambian hasta que aterrizamos en el punto más álgido de nuestra existencia donde comprendemos que dentro de todos y cada uno de nosotros están potencialmente los atributos que hemos heredado de Dios esperando a ser despertados y expresados; que el Universo está concentrado en el hombre; que no tenemos que buscar nada fuera de nosotros y, al dilucidar estas grandes revelaciones, entonces miramos al interior.

Ahora, indaguemos levemente en la historia que hay detrás del versículo citado en este ensayo. Sucede que, en tiempos de Jesús, se hallaba un hombre llamado Juan el Bautista. Este elevado ser incurrió en denunciar y condenar públicamente la relación ilícita que mantuvo Herodías con Herodes Antipas, puesto que previo a este entrelazamiento amoroso, Herodías fue mujer del hermano mayor de Herodes, Filipo.

Entonces, Juan fue mandado a encarcelar en la oscuridad de una reducida mazmorra en el sótano de la fortaleza del Tetrarca Herodes Antipas, la cual es conocida por el nombre de Maqueronte, ubicaba en el extremo de una colina que se elevaba bastantes metros respecto al Mar Muerto.

Encerrado, Juan oyó hablar de todas las cosas que Jesús estaba haciendo. En lo que parece ser un momento de duda, Juan envió sus discípulos a Jesús para preguntarle: *¿Eres tú el que había de venir, o esperaremos a otro?* Y al tiempo, se nos dice que su vida terminó con un final abrupto a manos de Herodes, quien envió a un verdugo a que lo decapitaran. Suceso curioso, si sopesamos el hecho de que Maqueronte (el nombre de la fortaleza) deriva de la palabra griega <machaira> que significa "daga" o "espada".

El historiador romano de origen judío Flavio Josefo, contemporáneo de Juan, en su libro *Historia de la guerra de los judíos contra los romanos y la ruina de Jerusalén*, cuenta este suceso con mucho detalle…Así que es una historia real, pero encierra una alegoría profunda y transcendente sobre los cuestionamientos que se hace el ser humano.

Juan fue un hombre en el que el despertar de la conciencia tuvo lugar. Hizo grandes obras, dio grandes discursos, tocó el corazón de manera profunda a los muchos que le escuchaban, pero en sus horas más bajas y grises, comenzó a mirar hacia afuera, apartó la mirada de esta semilla espiritual que germinaba en él y entró en un estado de atrofia de la conciencia; donde anuló toda la actividad del Espíritu.

Viendo que se agotaban sus opciones, buscó ayuda en lo externo; hecho reflejado cuando a Jesús se le preguntó si era él por el que habían estado tanto tiempo esperando. Para entender el porqué de esta pregunta debemos saber que, en tiempos del Maestro, era claro que la mayoría esperaba la inminente llegada de un Mesías que restaurara el Reino político de Israel por la fuerza como en los tiempos de David y Salomón, disolviendo así toda injusticia y opresión empezando por la expulsión de los abusivos gobernantes romanos.

Hoy sabemos que la misión de Jesús no era esa. Y es significativo que cuando los mensajeros de Juan se fueron, Jesús comenzó a decir a la gente acerca de Juan: *¿Qué fueron ustedes a ver al desierto? [...] ¿A un hombre vestido con ropa elegante? Los que se visten con ropa elegante y disfrutan de grandes lujos, están en los* *palacios de los reyes. Entonces, ¿qué es lo que ustedes fueron a ver? ¿A un profeta? Pues yo les digo que sí, ¡y a alguien mayor que un profeta!*

Nuestros historiadores calculan que durante un año languideció este robusto hombre de las tierras amplias de Dios, en esa vil prisión. Ante este pasaje, muchos se preguntan ¿por qué Jesús no hizo nada por liberarlo de esta insoportable encarcelación? Este hecho impacta todavía más cuando, de antemano, sabemos que eran primos. Pero esta duda solo surge cuando el lector mira esta historia en la letra, y no en el Espíritu.

Jesús dijo de Juan que era más que un profeta… Erróneamente se ha considerado que la tarea principal del profeta es la de predecir acontecimientos futuros, dar voz a profecías…pero en aquella época, un profeta era un maestro. Ese era el significado esencial de la palabra. Enseñaba lo que constituía el todo de la verdad, y bajo inspiración lo explicaba al entendimiento del hombre, buscando mostrar que el camino a la felicidad humana se encuentra mediante la práctica de las leyes de Dios.

Fijaos en que ser tan avanzado y elevado era Juan el bautista para Jesús, pero he aquí que el profeta se encontraba encarcelado en las rejas limitantes del pensamiento terrenal, y mirando su adversidad, buscó ayuda fuera, ignorando el centro Divino que subyacía en él.

Las palabras de Jesús sobre Juan encerraban un mensaje claro: no tenemos que buscar soluciones en nada, ni en nadie en lo externo. Ningún ser va a ejecutar nuestro deber espiritual por nosotros. Ya sabemos que el ser humano se convierte en aquello con lo que más se identifica, y Juan abandonó esa conciencia de hombre espiritual para desplegar el comportamiento de un hombre terrenal. El miedo y preocupación le invadieron, y su mente se inundó de tantos pensamientos materiales, que tal densidad, hundió y disipo su Fe y acabó con su vida.

Su encarcelamiento es calificado de injusto por parte de la comunidad intelectual religiosa, pero obvian el hecho de que Juan expuso y criticó públicamente la inmoralidad del Tetrarca. A medida que recibimos la iluminación del Espíritu y comprendemos la justicia de la ley Divina, debemos de abstenernos a la hora de incurrir en condenar a los demás, porque cada palabra que hablas vuelve a ti; cada pensamiento que piensas vuelve a ti; y si condenas a otros, no importa cuán dignos de condenación puedan ser, ningún hombre está por encima de la justicia Divina.

¿Y por qué miras la paja que está en el ojo de tu hermano, y no echas de ver la viga que está en tu propio ojo?

Mateo 7:3

Aun así, en las escrituras leemos que el advenimiento de la muerte de Juan entristeció mucho al Tetrarca Herodes Antipas. En realidad, no nació de él ordenar tal ejecución, sino que fue instigado por Salomé, la hija de su esposa (Herodías). Al leer esto, debemos preguntarnos como Herodes, dirigido por la conciencia de los sentidos, que gobernaba en el plano de la mortalidad, y que seguramente ordenó muchas otras ejecuciones sin sentir ni el más mínimo ápice de pena, pudo sentirse así en este caso en concreto.

Las Escrituras nos revelan que "Herodes lo mantenía protegido [A Juan]…Y que le gustaba escucharlo (Marcos 6:20). Ahora sabiendo esto, ¿Creéis que el conocimiento superior y el poder de transcender con sus palabras que poseía Juan no pudo convencer, en sus numerosas conversaciones, al Tetrarca de liberarlo? La única respuesta al entristecimiento de Herodes es que pudo ver en Juan el Bautista, al hombre espiritual y elevado que representaba y hacerse la idea de que su presencia terrenal se iba a disipar, colapsó sus más viles y crueles sentimientos, dando paso a un entristecimiento del alma.

¿Cómo iba a desaparecer un hombre de la altura de Juan? Pero el Tetrarca no pudo hacer por Juan, lo que el mismo profeta no hizo por sí mismo: *apelar a su yo superior en sus horas más oscuras.*

Así que el propósito de este ensayo es este: Recordaros que en el centro de vuestro Ser reside la potencialidad de Dios; que Dios mismo existe en ti y, sin embargo, buscas otra clase de hombre, buscas un hombre mortal, buscas un moribundo; buscas a un hombre débil, cuando olvidas que donde está Dios está la Vida, la paz y la resolución perfecta a todos tus asuntos terrenales. Qué proposición tan maravillosa es esa; cuán claro y verdadero es cuando entendemos esta ley de la Omnipresencia en nuestro Ser; y tú que estas leyendo esto, sabiendo de esta Verdad, ahora sube al escenario de la Vida y manifiéstala allí donde vayas.

Capítulo 9

Doctrinas del Cristianismo a la luz de la Verdad

El pensamiento crítico y la reflexión racional deberían ser esenciales en todo aquel que se dedique a estudiar las cosas del Espíritu. En lo que se refiere a los dogmas y doctrinas del cristianismo, esto es, cuestionar la validez de ciertas creencias establecidas. En este capítulo abordaré tres de esas creencias religiosas, siendo las dos primeras, un muro que impide al escéptico acceder a lo espiritual, y la tercera, impide y ha impedido el crecimiento espiritual de aquel que ha dicho de sí mismo ser creyente.

Un ser maligno

Para entender esta doctrina debemos remontarnos al origen de la idea del diablo en el pueblo de Israel. Cuando Jerusalén fue conquistada y destruida por el Imperio Neobabilónico (587 a.C.), algunos judíos fueron llevados cautivos a Babilonia. Luego, Ciro el Grande conquistó a los babilonios en 550 a.C. y estableció el Imperio Persa.

El culto estatal de Persia fue el zoroastrismo, fundado por el profeta Zoroastro. El mal era visto como el polo opuesto del bien. Un ser puro y bueno, Ahura Mazda ("Señor Sabio") era la fuente de todo, y en el polo opuesto estaba el druj, el caos. Druj se personificó como Angra Mainyu ("falso", "engaño"), también conocido como Ahriman.

Esta imagen de dos fuerzas opuestas fue adoptada por los judíos que vivían bajo el dominio persa en ese momento. Y así surgió el nombre Satán, que deriva del hebreo "ha-Satán". "Ha" significa "el" y "Satán" significa "opositor" o "adversario".

Que a nadie le extrañe este dato, pues según avanzamos en la Biblia, vemos que en la trayectoria histórica de los antiguos hebreos se vieron constantemente dominados por fuerzas extranjeras, y esto propició el escenario para que se retroalimentaran de las ideas que poseían sus conquistadores. Egipto, Asiria, Babilonia, Persia, Grecia y Roma, todos ellos influenciaron la visión judía del mundo y del propio ser humano.

En las Sagradas escrituras podemos rastrear este ser maligno por cuatro nombres clave. El primero, **Satanás** (ya hemos analizado su origen); el segundo, **Diablo**, que proviene de la palabra griega *diábolos*, y significa "acusador", "calumniador", o "uno que hace tropezar"; el tercero, **Belial**, que significa inútil; y el cuarto es **Beelzebú**. Este nombre debe su origen a *Baal Zvuv*, un dios filisteo cuyo nombre literalmente significa "Señor de las Moscas".

En el Antiguo Testamento, el Satán reflejado nada tiene que ver con ángeles caídos, ni con demonios corrientes, ni con el origen del mal... simplemente es un ángel a las órdenes de Yahvé encargado de acusar los malos actos del ser humano o de ejecutar ciertas tareas.

Los dos relatos del Nuevo Testamento que hablan de su origen y su enemistad con Dios se basan en leyendas, procedentes de libros apócrifos (Libros de Henoc; el libro llamado Vida de Adán y Eva; el Libro de los Jubileos), que fueron creados para explicar el problema del mal. Pero tales leyendas crean más problemas que soluciones. No voy a profundizar en las paradojas que surgen de esos escritos, pero cabe decir que la Iglesia las aceptó, las pulió y las propuso como verdades teológicas, y esto se debe, en gran parte, a los escritos de San Agustín (Agustín de Hipona) que también desarrolló la doctrina del pecado en el cual supuestamente se halla la humanidad cautiva como consecuencia de la caída del hombre, originado por la rebeldía de Adán y Eva en el Jardín del Edén (El pecado original).

Así que el Diablo no es un ser espiritual con existencia real, ni tampoco debemos aceptar que es la personificación del mal. Si decidimos aceptar esto último, en cierto sentido, nos quita la responsabilidad de nuestro actuar libre, ya que no seríamos nosotros quienes decidimos hacer el mal, sino que el mal proceder sería fruto de influencias de este "ser maligno". Por esta razón, afirmar su existencia real ya no es una opción para la persona ilustrada, menos para la creyente. El origen del mal no hay que buscarlo en un ser malvado exterior, ya que evoca al infantilismo moral, sino en nuestras propias inclinaciones interiores.

El Infierno

El buscador de la Verdad no dará en el blanco si lee la Biblia literalmente. La Biblia es un libro de parábolas, alegorías, comparaciones. Esto es así porque las cosas espirituales no pueden describirse o retratarse en su magnitud completa mediante el lenguaje.

Por ejemplo, echemos un vistazo a una de las lecciones dadas por Jesús en Marcos 9:43. Allí se registra que Él dijo: "*Si tu mano te fuere ocasión de caer, córtala; mejor te es entrar en la vida manco, que teniendo dos manos ir al infierno*". Bueno, esta declaración es claramente una alegoría. Jesús ciertamente no aconsejó la amputación de las manos para curar el pecado, y evitarnos el paso por un reino subterráneo de fuego y dolor.

En la Biblia, encontramos cuatro palabras diferentes, ya sea hebreas o griegas, que se traducen al castellano como "infierno". La primera es *"Sheol"*, para los hebreos este era el lugar al cual llegaban todas las personas después de morir, sin importar qué tan buenas o malas hayan sido. En el Sheol no había fuego ni sufrimiento; de hecho, no había absolutamente nada. Las acciones bondadosas o la adoración a Dios sólo tenían repercusiones durante la vida. No se hablaba de las recompensas en el cielo o de los castigos en el infierno.

La segunda es *"Hades"*. Esta palabra es la equivalente en griego de sheol que se usó en la Septuaginta. La Septuaginta es la primera traducción de la Biblia, compuesta a lo largo de los siglos III a. C. al I d. C., llevada a cabo en Alejandría durante el reinado de Ptolomeo II Filadelfo. Se escogió "Hades" porque para los griegos este era el lugar al que iban los muertos, era un sitio oscuro y subterráneo.

La tercera es otra palabra griega: "***Tartaros***". De acuerdo a la mitología griega, era el lugar donde fueron encerrados los dioses que fueron vencidos. Esta palabra no es equivalente al Sheol o el Hades, sino que según los griegos era un sector del Hades donde había un profundo abismo.

En cambio, la cuarta palabra es ***"Gehena"*** que era un sitio real. Procedente del hebreo *gueh hinnóm* y que deriva del "valle de Hinón" era un lugar situado a las afueras de Jerusalén. Para ser más exactos, era un valle angosto y profundo situado en las afueras de Jerusalén, y que rodeaba la ciudad por el oeste y el sur. El valle había tenido una historia truculenta. Allí, en los siglos VIII y VII a.C., los reyes Ajaz (2 Re 16,3) y Manasés (2 Re 21,6) habían sacrificado a sus hijos haciéndolos pasar por el fuego, en honor del dios pagano Moloc (Jr 32,35), ante el espanto de los habitantes de Jerusalén. Debido a ello, el valle se convirtió en un lugar de horror y repulsión. Para acabar con ese culto abominable, años más tarde el rey Josías lo profanó arrojando allí restos de animales muertos e inmundicia (2 Re 23,10), y convirtiéndolo en el basurero de la ciudad. Por todo ello, en tiempos de Jesús la Gehena se había vuelto un sitio de mala fama. El fuego estaba constantemente encendido, se hallaba siempre humeando y nadie se atrevía a pasar por allí de noche.

En referencia a este último término, debo señalar que si Jesús hubiera querido revelar la existencia del Infierno como un lugar literal en el más allá ¿Por qué se refirió a un valle conocido en lugar de explicarlo claramente? ¿Por qué no le dio un nombre propio? Lo cierto es que todas las alusiones de Jesús al Gehena en el Nuevo Testamento son siempre dirigidas a religiosos judíos. Los estudiosos señalan: *"Jesús nunca les habló a las multitudes acerca del "infierno," ni siquiera por una sola vez como nosotros creemos hoy, únicamente les hablaba en privado y en muy reducidos contextos a sus discípulos o a los fariseos (gente religiosa).*

Ya en el siglo I de nuestra era, cuando Jesús empezó a predicar, la originalidad de su mensaje consistió en hablar casi exclusivamente de la elevación de la mente, cuerpo y el alma, no de la «salvación de la condena». Esta afirmación la podemos rastrear en muchos pasajes del texto del Nuevo Testamento. Por ejemplo, en Isaías 61:1-2 leemos:

El Espíritu del Señor Jehová está sobre mí, porque me ha ungido Jehová, para llevar buenas nuevas a los pobres, para vendar a los quebrantados de corazón, para proclamar libertad a los cautivos, y a los presos apertura de la cárcel; para proclamar el año de la buena voluntad de Jehová, y el día de la venganza de nuestro Dios; para consolar a todos los que llora...

Pero cuando Jesús fue a predicar a la sinagoga de Nazaret, leyó este pasaje de Isaías, y al llegar a la última parte, donde el profeta anunciaba «un día de venganza», Jesús se detuvo y eliminó esa frase (Lucas 4:16-18). Vemos pues, que, Jesús no describió ningún «infierno» como contrapuesto al «cielo», y que sus enseñanzas nada tienen que ver con los dogmatismos y doctrinas religiosas. El Maestro enseñó en parábolas, es decir, en símbolos. Si esto se recordara siempre y si se buscara la guía del Espíritu de la verdad en la interpretación de los símbolos, la gran masa de interpretaciones confusas y contradictorias serían aclaradas y todas las personas verían por igual a la luz de la comprensión espiritual.

El cristianismo será un callejón sin salida hasta que se capte el mensaje de Jesús sobre la divinidad del hombre y el Reino de los Cielos en su interior. Hasta donde he podido estudiar y comprender, no hay malas personas "allá afuera". Solo hay buenas personas que desconocen su bondad, que se expresan de manera incompleta y que frustran su potencial al adherirse a prácticas de poco provecho o de la índole moral más baja.

El infierno, si ha de definirse a la luz de la Verdad, es la conciencia basada en puntos de vista erróneos acerca de Dios, el hombre, la vida y el universo. No es una conciencia creada por Dios, sino que es el resultado del hombre producto de su mal uso del poder del pensamiento.

La Segunda Venida de Cristo

Es un hecho que las muchas ramas religiosas cristianas están esperando por el cumplimiento de la Parusía o el <*Advenimiento glorioso de Jesús al final de los tiempos*>. Según esta doctrina (escatología), Jesús volverá de nuevo con poder y gloria a reinar y a juzgar a la humanidad.

Bueno, este tratado tiene como finalidad el demostrar que no vamos a tener ese tipo de advenimiento. Pues si se estudia, qué es el Cristo, enseguida se entiende que él no volverá en persona como muchos piensan. Con miras a clarificar lo que aquí se expone, primero tenemos que definir qué entendemos por Cristo.

La palabra Cristo significa "ungido" y es un título oficial. Al igual que Buda (*el despierto*) no es un nombre, sino un título que se le confirió al príncipe Siddhartha. Cuando decimos "Jesús, el Cristo", nos referimos al hombre y a su oficio, exactamente como cuando decimos: Eduardo El Rey o Lincoln el presidente, Eduardo no siempre fue Rey ni Lincoln, siempre fue presidente, ni Jesús fue siempre Cristo, Jesús se ganó el título de Cristo por medio de una vida dedicada a encarnar todas las ideas divinas, como la inteligencia, la vida, y el amor, en sus máximas expresiones.

La única forma de encarnar una idea, es que esa idea esté instaurada en nuestra conciencia y sea el patrón con el cual nos identificamos a la hora de actuar. Así pues, El Cristo, es la idea del hombre perfecto y la mujer perfecta que existe eternamente en la Mente Divina, es decir, es el *yo superior* de cada individuo.

Por lo tanto, la segunda venida de Cristo no es más que el despertar y la regeneración de la mente subconsciente (donde se aloja toda la información, recuerdos, experiencias o vivencias) a través de purificación de la supraconsciencia o Mente de Cristo donde todos y cada uno de nosotros reconoceremos lo que siempre hemos sido, hijos e hijas de Dios.

De modo que, es un sinsentido esperar la aparición personal de Jesús, y más aún cómo es planteada en el imaginario religioso. Unos dicen que Él vendrá liderando un ejército de ángeles. Otros, que irrumpirá repentina y dramáticamente con una apertura de los cielos. Yo os digo que nada de eso. Si rastreamos el origen de esta idea, vemos que fue impulsada por el apologista griego Justino Mártir en el año 150 dC. Anterior a este año, Pablo (nació en Tarso 10 dC – murió 67dC Roma) y los demás de su época esperaban una reaparición inmediata de Jesús. De hecho, Pablo pensó que estaría vivo en el momento de este evento y que participaría en él *(Por favor leed I y II Tesalonicenses para conocer su pensamiento sobre este tema).*

Hasta aquí, el conocimiento nos revela que La Segunda Venida no se refiere al regreso literal de Jesús, sino a la instauración de la conciencia crística de cada individuo. Es algo que sucede en nosotros de manera individual y no algo que sucederá en la "historia" o como un evento externo.

El apoderamiento de esta conciencia que estuvo en Cristo Jesús, ha sido postergado por el propio ser humano desde la muerte del Maestro (*año 29-30 de nuestra era*) debido a que aquellos que defienden las doctrinas y los dogmatismos no se han dado cuenta o no han querido aceptar que la elevación que experimentó Jesús es posible para todos y cada uno de nosotros.

La mayor expresión de esta ceguera espiritual con respecto a la venida de Cristo la vemos retratada en el suceso del "Gran Chasco" en el siglo XIX. Entre los años 1840-1844 surgió en los Estados Unidos un movimiento llamado millerita. Este grupo fue liderado por William Miller, que basándose en estudio de la profecía de Daniel 8:14: "*Y él dijo: Hasta dos mil trescientas tardes y mañanas; luego el santuario será purificado*", entendió que la tierra debía ser el 'santuario' a ser 'purificado', y comenzando desde la era de Daniel 457 a.C., los 2300 días/años de Daniel 8:14 culminarían en la fecha 22 de octubre de 1844, siendo el momento en que la tierra sería purificada por el retorno de Jesús.

Entrada la primavera de 1844, muchos de los milleritas estuvieron tan convencidos de que el Señor vendría antes del invierno que no sembraron sus campos, y toda actividad laboral cesó. Finalmente, cuando llegó el día, había miles de personas que esperaban a Cristo. No habían hecho provisión terrena alguna para el tiempo posterior a esa fecha, y para colmo Jesús no vino, dejándolos profundamente decepcionados. Como resultado, los fieles creyentes milleritas quedaron desorientados, y fueron blanco de burlas y escarnio.

Puede que alguno al leer esto, intente rebatirlo alegando que en el Nuevo Testamento se trata con frecuencia este tema de la Venida, de modo que evidentemente es un tópico que no puede ser dejado a un lado a la ligera, restarle importancia, o ignorado en el estudio de la Biblia, pero a la luz resultante de un estudio de las Escrituras sin prejuicios religiosos muestran, de hecho, que fue cerca del final de su carrera terrenal que Jesús comenzó a hablar de la *"segunda venida" -concepto alegórico-* para que los discípulos captaran los mensajes trascendentales que el Maestro les obsequiaba. Si no, que alguien me diga otra forma más efectiva de enseñar lo que realmente era el Cristo. ¿Iban los discípulos a entender ese concepto? ¿Cómo les iba a explicar Jesús que él no iba a venir en persona, si no que era la Conciencia Crística la que se iba apoderar de ellos si cultivaban y practicaban las enseñanzas más altas que les dejó?

No hay otra tarea más imperiosa que la de cultivar esa conciencia de Cristo. Debemos darnos cuenta de que hay una nueva y superior forma de vivir; debemos darnos cuenta de que esta vida subordinada a la carne y a la conciencia sensorial, no nos va a llevar más allá de los despliegues históricos que ha vivido la humanidad. Es mi deber advertir que este espíritu de Verdad siempre ha estado presente, llamando a la puerta de la conciencia humana, esperando ser admitido. La situación está perfectamente expresada en las palabras registradas en el libro de Apocalipsis 3 *"He aquí, yo estoy a la puerta y llamo; si alguno oye mi voz y abre la puerta, <u>entraré a él</u> [...] El que tenga oídos, que oiga"*. ¿Qué puerta puede ser esta, sino la mente y el corazón de los hombres? Difícilmente, se podría superar la claridad que residen en estas palabras.

Capítulo 10

Sobre la Voluntad

El Arresto en Getsemaní

A medida que estudiamos la vida de Jesús, encontramos que sus verdaderos y únicos enemigos fueron los sacerdotes/escribas fariseos, pues fueron estos que planearon y llevaron a cabo la crucifixión de Jesús. No fueron los gobernantes romanos (Lucas 23:13-16). Ellos eran meramente el poder ejecutivo, y fueron incitados a su acción por estas comunidades religiosas, que argumentaban que Jesús estaba quebrantando sus credos, cuestionando sus hábitos y sus ceremonias y, por ende, alterando el orden social judío.

La gran mayoría se sorprendería si se les dice que el Nuevo Testamento no menciona un tal "Jardín/huerto de Getsemaní". El evangelio más antiguo, Marcos, describe a Jesús y sus discípulos saliendo al Monte de los Olivos después de la Última Cena (Marcos 14:26) e identifica específicamente su lugar de parada: "Fueron a un lugar llamado Getsemaní" (Marcos 14:32). Los Evangelios dan a entender que Jesús se reunía allí muchas veces con sus discípulos y dado que era de noche, la implicación es que tenía la intención, como de costumbre, de dormir allí.

En realidad, Getsemaní no era un Jardín, sino una cueva que todavía hoy se halla ubicada al otro lado del valle de Cedrón, precisamente donde los evangelios sugieren que se encontraba. Eso tiene más sentido. Las colinas de Judea en primavera se caracterizan por auspiciar las noches más frías (Juan 18:18 lo confirma), así que la idea de que Jesús y sus discípulos hubieran pasado la noche al aire libre durmiendo entre olivos es una imagen que los arqueólogos demostraron falsa en el verano de 1995.

La palabra griega Getsemaní significa "prensa de aceite". Este significado posee una connotación significativa y de gran valor para todos nosotros porque encuadra perfectamente la vida de Jesús. La prensa de aceite es una máquina en la que las bayas de aceituna se prensan suave pero constante y firmemente para obtener el aceite tan valioso para el comercio tanto de la antigüedad como de la actualidad. Así fue la vida de Jesús. Una historia personal donde reinó la disciplina espiritual y mental, año tras año, para desprenderse paulatinamente de la conciencia de los sentidos, y finalmente desplegar esa conciencia tan valiosa donde el ser humano abandona el orgullo, el hedonismo y el narcicismo para someterse a la voluntad Divina (Lucas 22:42).

En este relato se nos dice que estando en agonía, oraba más intensamente; y era su sudor como grandes gotas de sangre que caían hasta la tierra (Lucas 22:44). Ahora, la palabra griega ἀγωνία (traducida como agonía), básicamente significaba conflicto/ lucha mental, no sufrimiento extremo como puede sugerir su traducción al castellano. ¿Por qué Jesús pasó por esto? Bueno, si uno está dispuesto a abandonar lo humano por lo divino donde es resaltado el poder del bien sobre el mal, el amor sobre el odio y la vida sobre la muerte, no pensemos que va a suceder sin persistir en la oración como lo hizo el Nazareno.

El ser humano siempre debe orar, porque es parte del ejercicio de la mente. El propósito de la oración es conectarnos con los Reinos Superiores de la conciencia. Si no buscamos en nuestras oraciones el pensamiento superior, e ideas superiores, entramos en un estado mental bajo, y los conceptos con los que trata la mente se tiñen de la naturaleza más baja, nociva e ineficaz.

Los discípulos estaban allí, pero en ese momento los más cercanos a Jesús fueron Juan, Pedro y Santiago el mayor. Él les dijo que oraran, pero cada vez que dirigía su mirada hacia ellos, los hallaba dormidos. Las Escrituras dicen que estaban tan tristes que se durmieron. Ahí se retrata la gran distancia que hay entre una conciencia terrenal y una espiritual, ellos en vez de orar, de impregnar sus mentes con los más altos ideales, se dejaron hundir por la tristeza. Cuando dejamos que la mente se sumerja de manera sostenida en el tiempo en pensamientos que afligen y desaniman, le abrimos la puerta al agotamiento y la debilidad, y esto nos induce a adormecernos en vez de a actuar.

Getsemaní encuadra un escenario que nos es muy familiar. Si ante la lucha interna o al manejar cualquier conflicto podemos mantenernos en vigilia sobre cada pensamiento que viene a la mente y permanecer firmes en la Verdad, entonces siempre podremos escuchar La reveladora Voz del Padre en nuestro interior.

Jesús dijo: "Padre, si quieres, pasa de mí esta copa; pero no se haga mi voluntad, sino la tuya" (Lucas 22:42). Esta declaración se encuentra en los tres evangelios sinópticos. Fue muy poco después de hacer esta declaración que Jesús fue crucificado.

Debido a esto, hay una gran confusión con respecto a la voluntad de Dios. La Iglesia enseña que la voluntad de Dios muchas veces significa pasar por caminos de sufrimiento, de duros sacrificios, de tareas imposibles, pero solo el ignorante es capaz de aceptar estas creencias falsas como verdaderas.

La principal enseñanza en los pasajes que narran el arresto de Jesús es que hay dos voluntades, la de Dios y la nuestra. La nuestra nos lleva a pensar que se puede establecer la resurrección sin la crucifixión, pero la de Dios nos indica lo contrario. Ahora bien, ¿qué es lo que realmente debemos crucificar hoy? La personalidad de la conciencia. Negar el yo humano, que bajo la concepción miope de la realidad nos lleva a pensar que relacionarnos con Dios no tienen sentido, que es una idea del pasado, que nuestras posesiones nos definen, que aquello que poseemos es un logro exclusivo de nuestras habilidades o incluso que estamos separados de los demás.

Bajo estas creencias el necio actúa como un pez. El pez nada en el mar, pero no sabe que está en el mar y no sabe lo propio del mar. Ve un anzuelo o una red, e imprudentemente se lanza hacia estos. El hombre nada en Dios, pero el necio no se da cuenta, no sabe que ya está en Dios, y se lanza hacia todo un surtido de actividades que atrofian el alma y el cuerpo. Dios está contigo dentro de ti y tú estás dentro de Dios, no existe ninguna separación. Comprender las palabras "estar dentro" es muy importante, porque no existe nada ni nadie fuera de Dios.

La visión hacia el interior nos muestra que esa última afirmación es correcta pero la visión hacia fuera nos dice que no, porque es solo ego (identidad). El ser humano tiene que aprender a deshacerse de esa identidad que ha hecho para sí mismo, porque es el resultado de una tendencia y esfuerzo torpes realizado durante siglos por construir un tipo de conciencia que lleva por caminos precarios y que desgastan nuestra existencia debido al deseo de obtener de las cosas impermanentes de la vida, el bienestar, la felicidad y la paz, llevándonos a ignorar el yo superior, lo verdaderamente permanente, y la única identidad que guía hacia la manifestación de todo lo superior.

Cuando, llegó el momento de arrestar a Jesús, se nos dice que Judas estaba acompañado de soldados con espadas y judíos que llevaban consigo palos y antorchas. Entonces Pedro sacó una espada y en defensa de Jesús, hirió a uno de los contrarios y obtuvo la desaprobación del Maestro. Es evidente que Pedro no había entendido nada. Los enemigos de Jesús, al igual que Pedro, pensaron que, al extinguirse su figura, se disiparía el eco de sus palabras en las mentes de todo el que le escuchó, pero han pasado casi dos mil años, y jamás ha sido olvidado. Así de permanente es lo que nace de la conciencia espiritual, y así de permanente será todo aquello en lo que la emplees.

Capítulo 11

Sobre nuestro origen

Jesús les dijo: Vosotros sois de abajo, yo soy de arriba.

Juan 8:23

Cuando Jesús dijo a los judíos: "Vosotros sois de abajo, yo soy de arriba", estaba hablando a un pueblo que se consideraba descendiente de una raza elegida a través de la ascendencia humana. Afirmaban que Abraham, Isaac y Jacob eran sus padres. Estaban en tinieblas, sin tener entendimiento de la paternidad espiritual del hombre, su fe estaba puesta sobre la historia y la tradición, y por eso, es que muchos de los contemporáneos del Maestro no recibieron sus enseñanzas con los brazos abiertos. *(Juan 1:11)*

La vida del maestro fue el fiel reflejo de que el resultado de la inspiración por algo más alto, más profundo y más amplio que la mera ambición y deseos humanos, lleva a un individuo a verdaderamente parecer que no pertenece a esta Tierra. De hecho, sus seguidores más diréctos lo creyeron así de él.

¿Por qué ha resultado más fácil al creyente adorar a Jesús que intentar cultivarse como él lo hizo? Es simple. Esto sucede así porque muchos han prestado tanta atención a las cosas exteriores que han desvinculado sus mentes de las cosas interiores. Cuando miramos dentro de nosotros mismos, encontramos que hay un gran trabajo interior por hacer, y que no seremos completos, hasta que vivifiquemos, levantemos, restauremos al hombre y mujer espiritual inactivos en nosotros mismos.

Necesitamos educación. ¿Y cuál es la educación más alta que conocemos? La educación del Espíritu. Debemos saber que hay principios espirituales, y que, apelando a esos principios, nuestros cuerpos y asuntos serán elevados en consecuencia. Es bastante evidente que tal tarea, no se halla de manera consistente en la sociedad, y si está presente, no se toma todo lo en serio que se debería tomar. Las personas, de manera ineficaz, piensan que conseguir "x" cosa resultará en más satisfacción, paz y felicidad final. Este es un gran engaño. Ciertamente, cuando lo consiguen, el éxtasis y la euforia del momento parecen muy reconfortantes, pero no es un secreto que tales estados no son permanentes, y que tan pronto como se difuminan, el individuo en cuestión se ve así mismo desviviéndose en la consecución de otro logro.

Jesús exhortó que no acumulásemos tesoros en la tierra, sino en el cielo, porque donde estuviera nuestro tesoro, allí estaría nuestro corazón. ¿Cómo hemos de hacer tal cosa? Enriqueciendo de ideas y pensamientos verdaderos nuestra mente y el corazón que, junto con las acciones que de tal enriquecimiento se siguen, formarán en nosotros la verdadera personalidad que consigue todas las cosas que se propone, pero que no se apega a tales logros, ni delega en ellos su felicidad.

El estudio más importante es el de la Mente y el Espíritu. Entender cómo funcionan, será tu mayor logro en esta Vida. Los antiguos sabían esto. Vemos en las palabras inscritas en la entrada del templo de Apolo en Delfos: "Hombre, conócete a ti mismo", y nos damos cuenta de cuan avanzados eran aquellos sabios. Trabajar en otra dirección que no sea esa, es caminar directos al fracaso. Debemos adherirnos al razonamiento superior, debemos de obtener autodominio. Debemos superar las tendencias materiales del hombre natural y encaminarlas en la línea de la Ley Divina. Ese es nuestro trabajo, y al lugar que realmente pertenecemos. Pablo, en su carta a los Filipenses, dijo que *"nuestra ciudadanía está en los cielos"*, y esto no era otra cosa, más que una invitación a que todo aquel que lo leyera empezará a vivir a la altura del estándar del individuo perfecto que Dios quiere que seas.

Dios es el centro común a todos los individuos. Quien se une a esta Mente Universal se da cuenta de que la envidia es ignorancia; de que la imitación es un suicidio; de que debe asumir que su destino, para lo bueno y para lo malo, está en él mismo; de que, aunque el vasto universo está lleno de cosas buenas, no obtendrá ningún fruto ni semilla comestible si no es a través del esfuerzo invertido en esa parcela de tierra que se le ha dado para que la cultive, y esa parcela es su mente y su espíritu.

Muchos caminan hasta el final de sus días expresándose a medias, y se avergüenzan; se aturden; o se tornan realmente escépticos ante la posibilidad de ser uno con la Divinidad. La historia es el registro de las proezas de Dios. Su genio está ilustrado por la serie entera de los días. Pero el hombre de la calle, al no encontrar en sí valor alguno que se pueda equiparar a la fuerza que erigió las montañas y diseñó los cielos, se siente insignificante cuando los contempla.

Para esos tengo un mensaje: Dejad de vivir según lo que esperan las personas engañadas y engañosas que conocéis. Decidles: «Padre, madre, esposa, hermano, amigo, hasta ahora he vivido con vosotros de acuerdo con las apariencias. De aquí en adelante, pertenezco a la verdad. Sabed que, en lo sucesivo, no obedeceré más ley que la ley eterna».

Emprended el camino desde el hombre, no hacia el hombre, porque somos más de lo que convencionalmente se cree. Manteneos firmes, no os adentréis en la confusión, y si, en ocasiones, el mundo entero parece estar conspirando para molestaros con nimiedades, obsequiadles a esas situaciones con una curiosidad débil.

Quien finalmente se ha deshecho de los motivos generales de la humanidad y se ha aventurado a confiar en Dios como capataz, entra en contacto con el océano interior, y no sale jamás a suplicar un vaso de agua de las jarras de otros hombres, ni a rogarle a Dios que lo provea de aquello para lo cual no está a la altura mental y espiritual necesaria. La oración que ansía un producto concreto, cualquier cosa que no sea el bien absoluto, es mezquina. La oración debe ser la contemplación de los hechos de la vida desde el punto de vista más elevado.

Tal individuo se dará cuenta también de que, a pesar de que el mundo es completo y perfecto y se niega a que lo dividan, las personas siguen buscando quitarle la capa superior de manera que, de tan fina, quede desprovista de fondo. El alma dice: «Aliméntate», y el cuerpo se da un atracón. El alma dice: «El hombre y la mujer han de ser una misma carne y una misma alma», y el cuerpo se junta solo con la carne. El alma dice: «Reina sobre todas las cosas para los fines de la virtud», y el cuerpo busca poder sobre las cosas para sus propios fines.

Todo eso nos lleva a un punto: el estancamiento. La vida debe permanecer en avance hacia el espíritu y procurar no estancarse en banalidades. El estudiante de la vida de Cristo ha de leer su historia de manera activa y no pasiva. Sus triunfos o los de cualquier genio de la historia de la humanidad, no nos deben hacen sentir menos, como si tales logros estuviesen reservados o restringidos para unos pocos.

Ahí, en la actitud de modelar lo elevado, y en el permitir que la luz de Dios nos atraviese, la Biblia ya no será un libro pesado, ni la vida de Cristo una historia increíble, sino que caminaremos encarnando lo justo, lo amoroso, lo próspero y lo sabio que fue el Maestro, y no nos dejaremos seducir de otros caminos que se nos presenten. No caeremos, pues nada puede traernos paz salvo yacer en el regazo de la inmensa Inteligencia que nos vuelve receptores de su verdad y órganos de su actividad. Nada puede traernos paz salvo la aplicación triunfal de los principios del Eterno.

Capítulo 12

Sobre los méritos

> *Gloria de los hombres no recibo [...] No puedo yo hacer nada por mí mismo*
>
> *Juan 5:41/30*

Charles Spurgeon dijo una vez que *"Dios no nos llenará hasta que seamos vaciados del yo"*. No puedo estar más de acuerdo. Las palabras de Jesús plasmadas en el versículo citado nos hablan de un gran principio que a menudo es obviado por aquel que recorre el camino de la elevación. Cuando uno se sumerge en las Escrituras, sorprende el hecho de que Jesús no acepto adulación/admiración/elogio alguno de sus semejantes. Tampoco se atribuyó mérito alguno, aun cuando ejecutó las obras tan preciosas que hizo.

¿No nos hace esto pensar? En el ego (el yo) del ser humano reside su mayor fortaleza o su mayor debilidad, siendo el intermediario entre el ideal con el que un individuo desea identificarse y su propia conciencia.

Si un individuo se adhiere de manera exclusiva a la conciencia sensorial se ve limitado por sus puntos de vista. En este escenario la mente se vuelve rígida, pues interiorizamos una falsa idea de nosotros mismos y del mundo que nos lleva a establecer que somos seres separados de nuestros semejantes, y a abrazar el sinsentido de no reconocer nuestra responsabilidad hacia los hechos que envuelven nuestra vida.

¿Es esto último grave? Lo es. El ego en sí mismo no posee ni puede poseer nada. Es un mero hijo ignorante de la mente. El ego es esencialmente identificación a través del deseo, un pegamento etéreo que confundimos con el verdadero Ser. El ego nos hace asumir etiquetas e ideas como parte de la definición de nuestro ser, y al ser algo (inteligentes, escritores, buenos, malos, etc.) no somos todo lo demás y, por tanto, nos distinguimos de aquellos que no son lo que somos e intentamos a toda costa *-inconscientemente o conscientemente-* de perpetuar lo que creemos que somos.

A su vez, en ese acto mental de identificarnos asumimos que las cosas que somos son permanentes y si por alguna razón son desalojadas de nuestro sistema de creencias, rápidamente surge un conflicto --nuestro ser se ahoga en la ambigüedad o sucumbe a la idea de carencia. Y ahí es donde nace la gravedad a la que aludí en el párrafo anterior. ¿No son los celos, la envidia, la codicia, el orgullo, la ambición o el deseo de honores, riqueza y gloria, síntomas de carencia?

¿No es la carencia separación? ¿Algo que yo pienso que no está en mí o no es de mi propiedad? Por lo tanto, el "yo" creado siempre va ser una versión reducida y muy pobre con respecto a lo que verdaderamente podemos llegar a ser. Ahora, la gran pregunta es ¿cómo nos deshacemos del ego? La desaparición del yo se da cuando entendemos que cada persona es una idea de

Dios, un pensamiento de la Mente Divina, enviada al mundo con una gran misión. En la medida en que lleva a cabo esa idea, la persona se hace universal y se inmortaliza, dejando así que su *yo* se reestructure sin oposición según las fases que atraviese en pos de esa misión.

Al asimilar esta noción se produce una gran libertad, ya que si no somos algo podemos ser todo (sin que objetifiquemos al todo como una cosa), y si no somos eso que creíamos que éramos se disuelven también gran parte de los miedos y de las frustraciones que teníamos, los cuales surgen al crear una identidad, a la cual comparamos con los demás y a la cual constantemente necesitamos satisfacer.

Así que, en síntesis, el yo individual que nos parece tan sólido y estable en realidad no existe por su propia cuenta, sino que co-emerge con nuestros pensamientos, conceptos y relaciones. La construcción terrenal de la identidad surge de los diálogos internos y de la retroalimentación que tenemos con el mundo y con las demás personas, de nuestra ansiedad de los comentarios que creemos que los demás hacen de nosotros y también de los comentarios que hacemos de otras personas.

Si indagamos en la etimología de la raíz de la palabra <*persona*lidad> "persona" rastreamos su origen desde el griego, pasando por los etruscos y al final por el latín, y significaba: máscara teatral. En el teatro en Grecia no había, claro está, micrófonos y la voz no era lo suficientemente potente como para llegar a todos los espectadores. Entonces se usaban máscaras, cada una de ellas expresaba un sentimiento mediante una mueca, tristeza, alegría... Estas mascaras se llamaban "*per sona*", para sonar. Podemos seguir tirando del hilo y así analizar "personalidad", que no es más que nuestra máscara, algo que utilizamos para hacernos oír.

Esas máscaras griegas no reflejaban en su totalidad la esencia de aquellos individuos. Así pues, negar el "yo" *-la personalidad-* abrirá la cortina, disolverá las imperfecciones y revelará el cuerpo traslúcido a través del cual el Espíritu brillará y trabajará sin trabas. La negación de tu personalidad no destruye tu individualidad, sino, por el contrario, la establece, pues está escrito: No temas, "El que pierde su vida (pierde la limitada concepción personal de la vida) por mi causa (por causa de la Verdad) la hallará (la verdadera vida, la espiritual)" (*Mateo 10:39*).

Corán: "Quien se conoce a sí mismo, conoce a Dios"

Capítulo 13

¿Qué te mueve?

> *Y todo lo que hagáis, hacedlo de corazón, como para el Señor*
> *y no para los hombres*
>
> *Colosenses 3:23*

El trabajo, en su magnitud nominal, es divino. El individuo que entiende esto, ama el trabajo *-no el esfuerzo-*, sino el trabajo porque hay una distinción entre esfuerzo y trabajo. El trabajo es la actividad creativa e inspirada de Dios, que está en todas partes, y todo lo que vale la pena en esta vida se adquiere mediante el empleo de la mente y el cuerpo en una determinada actividad.

Además, aquel que conoce la sabiduría espiritual sabe que el verdadero trabajo está sujeto a nuestra elección, nunca es obligatorio ni está limitado por el tiempo o el espacio, ni tampoco genera dependencia. Desde esta conciencia, las actividades en dicho trabajo se hacen de corazón y, no hay lugar para la desgana, la maldición, la queja, o la falta de compromiso en la calidad que se espera de aquello en lo que ponemos nuestras manos.

Pero el esfuerzo, ¡ay el esfuerzo! No es más que el trabajo mezclado con pensamientos y sentimientos oscuros, por lo tanto, sus frutos son la falta de felicidad y la esclavitud. Es la ignorancia de lo divino, y la vida no espiritual, lo que lleva al individuo al lugar donde debe laborar con sentimientos de *imposición* (¡no me queda de otra!), *crueldad* (¿De qué manera me amargará la vida mi jefe o mis compañeros) e *injusticia* (¡qué vida me ha tocado!).

Las personas pueden cambiar de entornos laborales, de compañeros y jefes. Se podrán hacer mil leyes que mejoren la calidad de vida del trabajador, pero mientras se contenten con sentarse en la oscuridad espiritual e ignoren al Dios interno, el problema del esfuerzo seguirá sin resolverse.

Cada uno tiene un trabajo afín; aquel que puede realizar con mayor felicidad y éxito; en el que puede sentirse en sintonía con su propia alma, y con las almas de sus semejantes. El camino más directo hacia ese trabajo es la Ley del Pensamiento y la Palabra. Existe una línea directa entre tú y el trabajo que deseas realizar, el puesto que mejor puedes ocupar. Esa línea permanece siempre igual y avanzas, o no, a lo largo de ella según domines los que piensas, dices y haces.

Sin importar las apariencias, aunque no estes desarrollando aquello que te hace feliz, piensa siempre que estás en el lugar correcto y haciendo un trabajo que te llena de armonía y felicidad. Si eres constante y perseverante en este simple principio, descubrirás que estás donde estás, y no donde quisieras estar, porque has de adquirir ciertos conocimientos o habilidades, y redimir ciertos rasgos que te impedirían progresar en tu lugar soñado.

Cuando se conquistan esas habilidades, conocimientos, y se refina el espíritu, te verás gravitando hacia posiciones más elevadas y valiosas dentro del mundo laboral. Aunque esto supondrá un gran avance, no cantes victoria aún. La próxima área a conquistar es que el dinero no sea un objetivo para ti en el trabajo.

¿Qué? ¿Para qué trabajamos? ¿No es para ganar dinero? Dirán algunos… En verdad, solo hay un objetivo en todo el mundo, en todas las áreas de la vida, que es probar nuestra propia divinidad, y la divinidad de toda la raza, demostrando que Dios es todo lo que realmente existe. El objetivo en toda tarea, misión o propósito, es dar testimonio de que somos hijos de Dios.

Buscad primeramente el reino de Dios y su justicia, y todas [las] cosas os serán añadidas, dijo Jesús. Esa es la verdadera mentalidad rica, y la única que ayuda a escapar de la locura de tantos pobres buscando primero las riquezas y después la vida espiritual. En la medida que prospera el Alma, prosperamos en la obtención de las cosas. Mientras el ser humano siga buscando fuera de sí mismo la fuente y el suministro de la fortuna y la gracia, fracasará en sus asuntos terrenales.

En la economía divina, no se gana para "ahorrar para los malos tiempos", ni los "imprevistos", no se pierde "gastando", porque todo aquello en lo que ponemos nuestro dinero para perpetuar el amor y la salud, en realidad es una inversión, y finalmente, al contrario de lo que muchos creen, cuanto más se da, más se tiene.

¡No estoy de acuerdo dirá el ignorante! Pero con sus vidas, dan testimonio de que las metodologías terrenales de manejar y conseguir dinero, te mantiene en un nivel, y no te dejan avanzar más. El sabio ante esto, apela a la razón divina en él, y dice "bueno, por ese camino está claro que no es", pero el que se aferra a su sistema de creencias y solo busca tener la razón, nunca puede ver más allá de las cortinas de humo que el mismo ha provocado.

El ahorro, es acumulación, y la acumulación es falta de movimiento, y la falta de inercia provoca el estancamiento y la muerte. Por lo tanto, el enfoque terrenal es erróneo. No hay que aprender a ahorrar, pues esta actitud mental esta auspiciada por el sentido de limitación y el miedo, sino aprender a gastar. La antigua creencia terrenal de que hace falta más dinero para vivir, debe pasar, pues es un claro indicativo de que el individuo está intentando vivir por encima de sus posibilidades. Aprender a administrar tus bienes y posesiones, aunado a que el dinero resultante de esta práctica sea destinado a las cosas más elevadas, es la vía más rápida para enriquecerse, y la que más se prolongará en el tiempo. Esa riqueza mental, esa riqueza de corazón y espíritu, es lo que verdaderamente enriquece terrenalmente. Amén.

Capítulo 14

La ciencia tras las afirmaciones

Diga el débil: Fuerte soy

Joel 3:10

Alrededor del siglo IX a.C., podemos situar al profeta llamado Joel. En la Biblia, nos narra que, en aquella época, en el sur de Israel, una sequía de envergadura y una invasión masiva de langostas (*insectos que invaden las zonas agrícolas*) habían destruido toda planta de aquellas tierras y habían traído una severa devastación económica.

Ante este panorama, azotados por la debilidad resultante del momento, Joel se levanta y dice: "Diga el débil, fuerte soy". Si hubieras sido tú unos de esos afectados ¿cómo reaccionaría tu intelecto ante esa afirmación? ¿Tiene sentido afirmar algo que, según las evidencias visuales, resulta ser falso en nuestra vida?

El alma del hombre, encarnada aquí en la tierra, vaga de un lado a otro en busca de ese mundo del que provino, pero si no se emplea en estudiar su propio origen y el de las cosas que vemos, se volverá incapaz de ver más allá de los objetos de este mundo, que no son sino sombras de los principios reales.

Una cierta consideración hacia lo que ocurre a diario en nuestro entorno nos mostraría que una ley superior a la de nuestra voluntad rige los acontecimientos, y que además impide que ninguno de nosotros pueda ser injusto con el Universo ni con nuestros semejantes, ni el Universo ni nuestros semejantes con nosotros. Hasta tal punto está infundida en nuestro núcleo y amalgamada a las cosas esa ley, que todo aquel que la siga y acepte con humildad su metodología, prosperará en todo aquello que haga.

La altura de cualquier punto elevado viene determinada por la anchura de la base. Todos los hombres tienen esta llamada para ser, hacer y establecer lo mejor en sus vidas. La pretensión de que existe otra llamada, etiquetada bajo el nombre de elección personal, es fanatismo, y revela torpeza a la hora de percibir que hay una Mente Divina común en todos los individuos.

¿Qué podemos ver u obtener, sino lo que somos? No es en lo que nos rodea, sino en nosotros, donde se halla toda la belleza y todo el valor que destilamos de lo que contemplamos. Aquello a lo que hemos llamado Cielo, en realidad es a lo que aspiramos en nuestro interior, es decir, el estado de las circunstancias deseables. Nunca podremos obtener, ni vivenciar aquello que no corresponda a nuestro estado espiritual, aunque todas las fuerzas del mundo se reunieran para hacerlo.

La enseñanza que transmiten estas observaciones es la siguiente: debemos ser, no parecer. Aceptémoslo. Desaprendamos lo que sabemos del mundo. Vivamos discretamente bajo el poder de la divinidad y aprendamos que solo la Verdad nos vuelve ricos y grandes.

¿Qué es la verdad? ¿No es todo aquello que nos libera de los yugos sociales habituales? Si alguien dice: "Estoy enfermo", "No entiendo esto…", "Estoy cansado", etc., continuará sujeto a la enfermedad, a la ignorancia, y al cansancio, hasta que la Verdad haga que él cese tales declaraciones mediante un verdadero cambio de corazón.

Tu Fe (aquello en lo que crees y te identificas) es tu vida. Si la fe de uno está bajo conceptos que son limitados, entonces la vida se mostrará limitada.

Admiramos las grandes estructuras megalíticas que resisten las heridas de muchas épocas. Sin embargo, una pequeña mano inquieta construyó ese enorme muro, y lo que construye es mejor que lo construido. Mejor que la mano, y más ágil, fue el pensamiento invisible que trabajó con ella; y así, la clave para todo ser es su pensamiento. Por robustas y desafiantes que parezcan las condiciones propias y las externas, tenemos un timón (la dinámica mental) al que obedecemos, que es la idea conforme a la cual se clasifican y manifiestan los hechos.

Solo podremos reformar el rumbo de semejante barco si le mostramos una idea nueva y más elevada que desvíe su trayectoria, y todo gran paso, empieza con una afirmación. Así pues, en las palabras de Joel no había locura, *diga el débil, fuerte soy*; sino un alto reconocimiento de la naturaleza anómala de aquellas circunstancias, y la imperiosa necesidad de abrir una vía mental que pueda canalizar en acciones las ideas Superiores de Dios.

Capítulo 15

El intelecto y la intuición

> *¿Quién es sabio y entendido entre vosotros? Muestre por la buena conducta sus obras en sabia mansedumbre. [...] la sabiduría que es de lo alto es primeramente pura, después pacífica, amable, benigna, llena de misericordia y de buenos frutos, sin incertidumbre ni hipocresía...*
>
> *-Santiago 3:13-18*
>
> *La mente intuitiva es un regalo sagrado y la mente racional es un fiel sirviente. Hemos creado una sociedad que rinde honores al sirviente y ha olvidado al regalo.*
>
> *-Albert Einstein-*
>
> *La intuición es una facultad espiritual y no explica el camino, sino que sencillamente lo señala.*
>
> *-Florence Scovel Shinn-*

Si se me pregunta ¿qué papel tienen el intelecto y la intuición en la Fe? Debo primero, con el objetivo de clarificar, definir ambos términos.

El intelecto es esa facultad que apoyada en la capacidad que poseemos de memorizar, acumula conocimientos.

La intuición por su parte, es también una facultad, y no me quedo corto si digo que es la facultad más elevada que poseemos, pues se nos manifiesta como un conocimiento que trasciende lo lógico *-aquello que se produce de acuerdo con las leyes naturales, conforme a la marcha habitual de las cosas o en correspondencia y coherencia con los hechos que anteceden-* y la percepción sensorial.

Con el intelecto podemos conocer y pensar en las verdades espirituales, pero es la intuición la que nos permite conocer directamente las ideas que subyacen y sostienen el mundo que nos rodea, pues este no es más que la sombra o reflejo de dichas ideas.

Entendemos por idea, el patrón perfecto y universal desde el cual la realidad toma forma. Cuando entendemos las ideas o principios que sostienen nuestras manifestaciones corporales y nuestras experiencias, es cuando realmente nos volvemos sabios ya que asimilamos las verdades espirituales de tal forma que se convierten en una forma de vivir, en una vida plena de significado.

El conocimiento que no es refinado o purificado por la intuición para así transformar al individuo, se vuelve en estéril intelectualidad. Intelectualidad no es sinónimo de sabiduría, ¿Cuántas personas intelectuales no conocemos en los que presenciamos ausencia de sabiduría?

La intuición, que significa conocer desde dentro, permite conocer de formas que el intelecto difícilmente podría alcanzar. La intuición esta más allá de toda duda, uno puede confiar en ella porque es inteligencia pura y primordial, es la misma Luz de Dios arrojada sobre el mundo de las formas para que podamos discernir la Verdad de las cosas.

El hombre meramente intelectual queda encerrado en las paredes de la vida mortal y a merced de los acontecimientos venideros. Etiqueta de aleatorio o entrega su razón al azar ante aquello que desconoce, pero aquel que hace uso Divino de la intuición, descubre que la Verdad estaba en él antes de que la buscara fuera de sí mismo, pues todo lo que uno alguna vez sabrá ya estaba en nosotros- *como el roble estaba en la bellota-*. Los libros, los viajes y otros elementos externos no son más que sugerencias que sirven para descubrir y sacar el conocimiento que ya teníamos dentro.

El exclusivo uso del intelecto en la lectura de las Escrituras desvirtúa sus inspirados consejos y lleva a declarar que sus inspiradas exhortaciones son demasiado trascendentes e impracticables, tales como: *"Sean perfectos"*, *"No resistan el mal"*, *"Amen a sus enemigos"*. El intelecto rechaza esas metas porque su base de datos viene de la experiencia carnal y la marcha habitual de las cosas.

Las exhortaciones anteriores fueron hechas por Jesús. Él fundió su mente con la Mente Divina, y se permitió a sí mismo ser grande y universal. Supo que estar lleno de conocimiento espiritual no excluye el entendimiento de las cosas del mundo, al igual que saber sobre el sol no impide que conozcamos su reflejo en el mar. Él no esperaba "fe ciega" con respecto a lo que enseñaba, porque este modo de proceder se transforma en superstición y eventualmente se vuelve estéril, es decir, aquello en lo que supuestamente se cree del Espíritu, no da los frutos correspondientes.

A los grandes hombres y mujeres que auspician y son devotos de las ciencias terrenales-*los intelectuales-*, en campos como la física o las matemáticas, y que no niegan que se pueden lograr grandes cosas resultantes de sus estudios, y que juzgan su propia competencia y conocimiento por su capacidad de poner en práctica los principios que han abrazado, muestren la misma devoción y adherencia en practicar los principios espirituales, pues es la única forma de cerciorarse de la Verdad que estos encierran, pues como dijo Henri Poincaré, *"Probamos por medio de la lógica, pero advertimos aquello que estaba oculto por medio de la intuición"*.

Capítulo 16

¿Existe el Alma?

Entonces [...] Dios formó al hombre [...] y <u>sopló</u> en su nariz
<u>aliento de vida</u>, y fue el hombre un ser viviente

Génesis 2:7

A modo de introducción, antes de desarrollar el tema que voy a plasmar, deseo esbozar la trama de un escrito que infunda gran inspiración en mi Madre por la belleza y las grandes verdades que en dicho libro se haya escrito, y que me proporcionará el escenario ideal para transmitir aquello que estoy a punto de revelar.

Una obra de arte como espejo del Alma…esa es la ilustración troncal que queda impresa en nuestra mente tras leer la novela: *El Retrato de Dorian Gray*, escrita por Oscar Wilde.

En ella se nos narra la historia de un joven, Dorian, puro e ingenuo que conoce a Basil, un pintor solitario de gran talento. La belleza de Dorian cautiva y fascina a Basil, y este lo toma de musa, se inspira, y realiza un retrato del muchacho.

Un amigo muy cercano a Basil, Lord Henry, cínico, hedonista, y entregado a todo tipo de vicios, conoce al muchacho en el taller de Basil. Mira la obra de arte, y mira al muchacho, elogia su belleza, y le advierte: *No tendrás más que unos años en los que vivir de verdad, así que disfruta todo lo que puedas y haz caso omiso a las metas, a los grandes ideales, y a toda idea que sugiera cultivar valores éticos y morales...*

Las palabras de Lord Henry producen un eco en el interior de Dorian, y ante la fugacidad de la vida expuesta por Henry, mira el cuadro y dice: *"¡Oh, si fuera justo al revés! ¡Si el cuadro pudiera cambiar y yo pudiera ser siempre lo que soy ahora!"*

Más tarde, Lord Henry se propone averiguar la vida del joven, descubre que su padre fue asesinado, y su madre murió tiempo después de este suceso. Dorian era un lienzo en blanco, pues había estado bajo la descuidada tutela de su abuelo, Lord Kelso. El propósito de Henry, desde aquí, es abrir los ojos del joven al mundo de la sensualidad al que él mismo está tan dedicado.

Paralelamente Dorian se enamora de una joven actriz de teatro, Sibyl Vane. Talentosa. Dorian está enamorado de los personajes que ella interpreta, de su belleza, pero no de ella. Valora todo lo superficial que hay en ella, y sin apenas conocerla, le propone matrimonio.

Con la excusa de que actúa, Dorian aprovecha para llevar a sus amigos, Basil y Henry, al teatro. Allí, Sibyl emprende la tarea de encarnar a Julieta junto a otro actor que hace de Romeo. La actuación de la muchacha, extrañamente, resultó ser pésima, y la obra, a medida que avanzaba, no hacía más que empeorar. Basil y Henry quedan decepcionados pues la descripción de Dorian no encajaba con lo que veían en el escenario.

Dorian, por su parte, queda horrorizado, y disgustado. Al terminar la función va a su camerino y le explica que es completamente incapaz de seguir amándola. Ella no puede creerlo, y cuando él se aleja ella se tira al suelo, arrastrándose a sus pies. Dorian siente repulsión en lugar de empatía, y la deja sollozando en el suelo.

Regresa a casa, donde se detiene a mirar el retrato de Basil, y se sorprende al descubrir que la expresión facial ha cambiado ligeramente: parece haber "un toque de crueldad en la boca". La crueldad en la expresión no era más que su propia crueldad hacia Sibyl.

A la mañana siguiente, le llegó una terrible noticia. Sibyl se suicidó por la ingesta de un veneno. Lord Henry es el que le da la noticia a Dorian, y lejos de hundirse y llorar, Henry le exhorta que no malgaste sus lágrimas, Dorian se alivia, sin embargo, se siente perturbado por su desapego emocional, pero este sentimiento no le dura mucho.

Los siguientes dieciocho años se entrega a todo tipo de lujos, pasiones y vicios. Aquellos de quienes se hace amigo a menudo terminan en la ruina, y Dorian acaba siendo despreciado y tachado de infame. Durante toda esta travesía, Dorian no deja de presenciar la transformación de su retrato. A medida que la pintura se afea, este estaba cada vez más enamorado de su propia belleza, pero con el tiempo, sus diversas obsesiones y sus excursiones sociales se convierten en formas de escapar de la propia corrupción de su Alma.

En tal travesía, solo lo acompañaba Henry, Basil se había tornado en un mero desconocido, pero un día se vuelve a encontrar al pintor. Este le dice que, a pesar de lo viciosos y condenatorios que eran muchos de los rumores, no los cree, porque confía en que Dorian es una buena persona, y que *"el pecado es algo que se escribe en la cara de un hombre, y como tal no se puede ocultar".*

En efecto, Dorian se ve tan joven e inocente como siempre, y Basil cree en sus ojos. De paso, el pintor le pregunta por aquella obra que realizó para él años tras, y Dorian le advierte que en esa obra se reflejaba su verdadero yo.

Al ver la obra el artista se horroriza, la examina con apatía, y aunque abrumado, se entristece por descubrir que todos los rumores sobre la vergonzosa e inmoral vida de Dorian eran ciertos. Lo insta a arrepentirse y tratar de salvar su alma. En un frenesí y lleno de odio, Dorian agarra un cuchillo y lo hunde en el cuello de Basil, apuñalándolo repetidamente, para luego mantenerlo presionado en su carne hasta que Basil deja de luchar y muere.

Si seguimos avanzando, Dorian teme su propia muerte. Un individuo, James Vane, hermano de la difunta Sybil, se dispone a perseguirlo, pero muere en el intento. Dorian se relaja, y parece convencerse una vez más de que ha escapado ileso de los pecados de su pasado. Aun así, varios meses después, Dorian se encuentra en la casa de Lord Henry, conversando con él. Al parecer, Dorian ha decidido cambiar sus formas. Henry le dice que es perfecto tal como es, y que no sirve de nada tratar de cambiar, pero Dorian le responde: "He hecho demasiadas cosas espantosas en mi vida (...). Empecé mis buenas acciones ayer"...

En esa conversación Dorian le atribuye sus fracasos morales a Lord Henry y aun libro que le regaló años atrás. Se despiden, pero los pensamientos de culpa lo invaden, y de camino a su casa, piensa que todo ha sido culpa del cuadro que le regalo Basil. Desesperado por escapar de sus crímenes pasados, Dorian ve el cuadro como la única evidencia que revela su culpa. Ese cuadro era el vivo reflejo de su conciencia.

Se propuso destruirlo. El cuchillo que está sobre la mesa, se da cuenta, todavía está manchado con la sangre de Basil. Lo toma, lo limpia varias veces y apuñala la imagen. Los sirvientes de Dorian se despiertan por un grito terrible. Encuentran el cuerpo de un hombre "marchito, arrugado y (...) repugnante a la vista" tendido en el suelo, con un cuchillo en el pecho, pero he aquí un hecho sorprendente, el cuadro, registro de todas las manifestaciones negativas de Dorian durante años, mostraba de nuevo al bello joven tal como fue pintando el primer día.

Al terminar de leer esta novela, afloraron muchas preguntas en mi interior. La mayor de ellas, fue si *¿existe realmente el Alma?* Y entonces examiné los aspectos troncales de la vida del ser humano, y esto fue lo que descubrí…

Nadie me negará el hecho de que ningún individuo vive exclusivamente para alimentarse, reproducirse y morir. La vida humana, reducida a la mera existencia, es por todos sabido, mediocre. Pero ¿Cómo sabemos que es mediocre? ¿Qué es esa sensación Universal que nos dice que la mera vida terrenal no es suficiente? ¿Qué es eso en nuestro interior que nos susurra que nuestro ser desciende desde lo alto?

En todo momento, se asoma en nuestro interior el reconocimiento de un origen de los acontecimientos más elevado que la voluntad que consideramos propia. Como decía San Anselmo, es inherente la idea contenida en todo ser humano de que existe un *"Ser del que nada puede pensarse mayor que Él"*. El Eterno. Estamos circunscritos a Él y la parte más brillante que nos revela esa verdad, es el Alma.

El Alma no es un órgano, pero es el motor que los anima y los mantiene en marcha. No es una facultad, sino una luz, no es el intelecto ni la voluntad, sino la maestra de estos dos. La sabiduría del alma nos hace darnos cuenta de que no somos nada sin esa luz.

En casi todos los hombres, la influencia de los sentidos se ha impuesto a la mente hasta el punto de que los muros del tiempo y el espacio terminan pareciendo reales e infranqueables, pero el Alma abole el tiempo y el espacio.

El insondable pensamiento Divino reduce los siglos y milenios y se hace presente a través de todas las épocas. La escala del alma siempre es una, el llamado AHORA. Cuando uno actúa desde el alma, el ritmo del propio progreso ha de calcularse según la adhesión a las leyes espirituales, no mediante las escalas terrenales. Tales avances o progresos, han de valorarse mediante la transmutación o metamorfosis del ser.

¿Cómo sabemos que realmente hemos cambiado? Si puedes afirmar sin dubitación alguna que, lo que en antaño fuiste, se disipó. Si cuando te inspeccionas no encuentras rastro en ti de tus antiguas aspiraciones humanas, entonces, te has vuelto un lienzo en blanco. La pluma que dibujaba tu trayectoria ya no está más en tus manos, sino en las manos del Señor.

¡Ah! Eso es el llamado despertar del alma. Y digo yo ¿Qué es despertar del Alma? ¿Acaso el Alma duerme? Jamás. El despertar del Alma no es más que hacerse consciente de que lo que soy realmente es indefinible e inmensurable en comparación con las aspiraciones humanas.

La acción del Alma en el hombre le advierte que aun no siendo, sabe que es mucho más y mejor de los que es. Esa percepción de que hay algo superior que observa desde arriba, esa búsqueda y asimilación de la Verdad, esa capacidad de discernir que lo cierto es cierto, y lo falso es falso, nos demuestra que hay una sabiduría interior que no emana de los libros, ni la experiencia, ni del discurso del de al lado. Esto es llamado en la Biblia: Revelación.

La revelación es la divulgación del Alma. Equivocado está aquel que entienda la revelación como una forma de vulgar clarividencia que hace de puente entre lo divino y terrenal y se obtienen respuestas de la índole de cuánto tiempo vivirán los hombres, qué harán sus manos y quiénes los acompañarán, y buscan nombres, fechas y lugares.

Si verdaderamente te has abierto a la sabiduría del Alma, estas preguntas sobre el futuro nunca se asomarán en tu terreno mental, y si lo hacen, significa que no estás contento con tu vida, ni tampoco haces de ella un terreno mejor por el que transitar, y bajo esa ilusión, nunca vas a entender que el alma no te va a permitir vislumbrar más clave que la de la Causa y el Efecto, obligándote así a vivir en el presente. Si quieres saber tu futuro, pregúntate que estás cultivando ahora en cada una de las áreas de tu vida. Eso es lo que obtendrás, ni más ni menos.

Esa relación de causa y efecto, nos desnuda ante los demás. Nos capacita para distinguir entre los espíritus de las personas que nos rodean. Esa capacidad de diagnóstico siempre está circulando en nuestro subconsciente. Un día conoces a una persona, y aunque no conocías falta alguna en su historial, no pudiste depositar confianza alguna en ella. Ahora la gran pregunta es ¿Quién juzga en esas situaciones? No nuestro entendimiento. No nacemos con un master en psicología, y lenguaje corporal, pero tal persona en el despliegue de sus maneras, sus formas de hablar, el giro de sus frases, la construcción, diría, de todas sus opiniones, confesarán, quién es realmente, por mucho que intente ocultarlo.

Nadie escapa de las confesiones que impregnan las miradas de nuestros ojos, en nuestras sonrisas, en los saludos, abrazos y en el apretón de manos. El pecado embarra y estropea toda la buena impresión que pueda uno causar. Un individuo no sabe por qué no se fían de él, pero sus vicios, faltas, carencia de valores, y malas aspiraciones e intenciones le tornaron la mirada vidriosa y le trazaron líneas de expresión mezquinas.

Si no queréis que se sepa que habéis hecho algo, no lo hagáis nunca. Un aspecto degradado, una mirada canallesca, actos mezquinos y la falta del debido conocimiento: todo eso hablará por vosotros. Lo que somos y representamos habla más alto que las propias palabras que con la boca podamos articular.

Cuando el Alma se nutre de las fuentes correctas, inspira en el hombre una confianza infalible. Enseguida es inundado de la convicción de que lo insustancial y lo incorrecto no puede ocupar lugar alguno en su vida, y bajo esta visión, de que solo hay avance al partir desde lo bueno, lo justo, lo agradable y lo perfecto, descarta fácilmente todas las incertidumbres y miedos de sus semejantes.

¿Existe el Alma? Pues claro que existe. El individuo que entienda esto dejará de tejer una vida mancillada, hecha de *jirones* y parches, y vivirá unido a lo Divino por siempre.

Capítulo 17

El destino del hombre

> *"Estamos hechos para fines más amplios de los que la Tierra puede abarcar. ¡Oh!, seamos fieles a nuestro exaltado destino."*
>
> *- Catherine Booth.*
>
> *"El destino del hombre está en su propia alma."*
>
> *-Heródoto.*

¿Cuál es el fin de nuestra existencia? ¿Cuál es nuestro destino? Para nadie es un misterio que el hombre siempre ha querido saber estas cosas. Hoy en día, hojea los periódicos, escucha la radio, ve en la pantalla de televisión los acontecimientos que ocurren en todo el mundo. El ser humano quiere saber qué está pasando en este mundo, qué le está pasando al hombre, y hacia dónde se dirige este mundo.

Pero nuestra preocupación existencial no se satisface conociendo los acontecimientos de la superficie, porque las consecuencias de lo que está sucediendo en la superficie pronto llegaremos a saberlo. Así pues, en un sentido más profundo, lo que queremos conocer del destino del hombre, es su destino metafísico.

Los grandes filósofos, los grandes místicos, aquellos que han entrado en la experiencia trascendental de ese poder-inteligencia cósmico supremo, Moisés, Buda, Jesús el Cristo, cuando llegaron a la profundidad del pensamiento y alcanzaron la iluminación, afirmaron, sin la menor sombra de duda, que la gran inteligencia y poder del Ser Universal era la única fuente capaz de dotar de sentido pleno a nuestra existencia.

Claro, entrar en esa profundidad de pensamiento requiere paciencia, constancia, cultivación y práctica. Querer ver lo que se esconde detrás de este escenario llamado Mundo no es fácil, pero tampoco es imposible. Para captar lo que parece eludir el pensamiento ordinario, hay que hacer un sacrificio unidireccional en explorar la dimensión interior del hombre, la dimensión del espíritu. Y con esta perseverancia, con esta determinación, como lo hizo Jesús, podremos entrar en un estado de sintonía con la Mente Cósmica, donde la conciencia expandida rompe todas las barreras de limitación, rompe las cadenas y cárceles de la mera percepción a través de los sentidos, allí, en ese estado de conciencia cósmica, todas las preguntas que hoy son trascendentales se desvanecerán. Ya no habrá dudas, ya nada estará oculto: todo se revelará, el pasado y el futuro se mezclarán con el presente, y viviremos en un presente atemporal.

¿Alguna vez te has preguntado en toda tu vida, sentado en silencio, alejándote de todas tus ocupaciones, preocupaciones, es decir, del "ruido de la realidad": «De dónde has venido a este plano terrestre?» Si seguimos indagando en nuestro interior, y reflexionamos sobre nuestra existencia, nos damos cuenta de que somos seres contingentes, es decir, que no poseemos en nosotros mismos la razón de nuestra existencia. Afirmar lo contrario, sería decir que somos seres necesarios, es decir, que existimos sin haber recibido de otro la existencia y, en consecuencia, sería como decir que hemos existido desde siempre, sin un principio ni fin.

Somos lo suficientemente inteligentes como para saber que nuestros padres posibilitaron la formación de nuestro cuerpo físico. Efectivamente, pero mis padres también son seres contingentes. Esta cadena de dependencia jerárquica no puede prolongarse indefinidamente hacia atrás, puesto que implicaría que únicamente existen «seres intermedios» contingentes.

Pensemos en esta cadena de dependencia como una cadena de hierro que llega desde las nubes hasta la tierra. Naturalmente notamos que ningún eslabón tiene la capacidad de «permanecer colgado» en el aire por sí mismo, por lo contrario, vemos que el último eslabón está colgando del eslabón anterior y así sucesivamente. Entonces, ¿es racional afirmar que la cadena de hierro se extiende infinitamente y no cuelga finalmente de nada? Pues, no. Si la cadena de hierro permanece colgada, entonces, en el inicio de la serie, la cadena debe «estar fijada» en algún lugar que la sostenga. Así, la pregunta que surge es ¿Quién dio inicio a nuestra existencia? ¿Quién nos sostiene? A ese Ser lo hemos llamado Dios.

Ése entonces es el Ser que puede revelarnos algo sobre el destino del hombre. Porque es nuestra fuente y origen, nuestro apoyo invisible y nuestra realización última. En Él hemos llegado a existir, en Él somos, y con Él finalmente tenemos que fusionarnos.

Como vimos en el Prefacio, la Biblia es el gran manual de desarrollo espiritual del hombre. En los libros que la componen, escritos en un periodo de 1000 años, encontramos que esos hombres reflejaron en esos escritos lo que habían percibido en sí mismos. Y lo que descubrieron fue impresionante. Descubrieron que había un hombre oculto en ellos, el hombre espiritual, del que solo podemos darnos cuenta cuando nos alejamos de estas calificaciones que ahora nos atan a una pequeña parcela de lo que realmente somos, donde nos identificamos con la fecha de nacimiento, la altura, la edad, nuestra profesión, la raza, la cultura, el peso. ¡Qué gran error!

Se nos empieza a dar pistas de ese hombre oculto en nosotros desde el Génesis 14:17-20 cuando Abraham volvía de derrotar a Quedorlaomer, el que encerró a su sobrino Lot. Se nos dice que entonces, Melquisedec, rey de Salem lo visitó, lo bendijo, y Abraham le dio el diezmo. Luego En hebreos 7:3, se nos revela que Melquisedec cuyo nombre significa primeramente Rey de justicia, y también Rey de Salem, esto es, Rey de paz; no tenía padre, ni madre, sin genealogía; tampoco principio de días, ni fin de vida, sino que fue hecho semejante a Dios.

¿Qué hombre en la tierra no tiene genealogía alguna? Muchas personas no captan estas pistas, porque la religión tal como ha sido transmitida no satisface nuestras necesidades prácticas. Está claro que Melquisedec no era un hombre de carne y hueso, sino que es una figura utilizada para ilustrar que hay un reino espiritual de paz y justicia que reside en cada uno de nosotros, que debe hacerse presente cuando finalmente venzamos a Quedorlaomer, que etimológicamente significa siervo de Laqamar, diosa del inframundo, es decir, cuando dejemos de ser siervos de nuestras más bajas tendencias, pensamientos y sentimientos.

En su versión más depurada, ese hombre espiritual es El Cristo que se manifestó en Jesús. Lo que intento, en primer lugar, es conceptualizarlo, porque debemos comprender intelectualmente el por qué somos espirituales, y luego esos conceptos, cultivarlos hasta que nos familiaricemos con nuestra espiritualidad, y sacar a la superficie las cualidades espirituales innatas, que comúnmente se suele decir que relucen cuando acontece en nosotros el "despertar" del alma.

Bueno, y ¿dónde está el centro del alma en el cuerpo? El alma es la parte pensante del hombre, su conciencia. Si quieres saber dónde está el centro del alma en tu organismo, comienza a pensar ¿A través de qué centro en particular, digamos, de tu cuerpo basas tus pensamientos? Allí encontrarás un centro del alma que corresponde a los pensamientos que estás sosteniendo.

Si tienes el hábito de pensar continuamente a través de la cabeza y no has aprendido a pensar a través del centro del corazón, tu alma tendrá su centro dominante en la cabeza, y serás dominado por el Intelecto. Esto explica porque hay personas que estudian las enseñanzas de Jesucristo con mucho interés y tienen una muy buena comprensión intelectual de ellas, pero no han sentido su vivificación y personificación en sus asuntos personales.

Si tienes el hábito de pensar en el amor de Dios, y te esfuerzas por trasladar ese amor a tus semejantes, tu corazón será el centro de tu alma.

Si has estado pensado mucho en los placeres de la vida física, tu alma se halla en la parte inferior del abdomen. De modo que encontramos que el alma puede hallarse ubicada en unos de los tres centros que acabamos de mencionar. Los dos primeros son complementarios, y cuando la sabiduría (intelecto-mente) y el amor (corazón) se unen, el individuo se expresa de una manera espiritual, de una manera más elevada. Pero si el centro de su alma se halla en la parte inferior del abdomen, la comida, el sexo, y la bebida, empañaran gran parte de su espíritu, y tendrá por padre nuestro la frase "quiero ser pura afirmación", por citar a Nietzsche. Él defendía que obedecer a nuestros instintos, que son nuestra verdadera esencia, nos llevará a un estado de total libertad que desembocará en el individualismo (la persona podrá obrar según su propia voluntad) y el perspectivismo (el mundo se puede afrontar desde distintos puntos de vista, todos ellos válidos y justificados).

Los Antiguos anticiparon esta actitud, y la ilustraron bajo la alegoría del Jardín del Edén. Allí leemos que Dios, colocó al hombre en un Jardín para cultivarlo y guardarlo. De este relato surgió la famosa caída del hombre. ¿Qué sucedió? Llegó el momento, en que Adán y Eva, pensaron: "tal vez podamos ejercer nuestra voluntad sin el Señor Dios en nuestra conciencia, sin su iluminación", y haciéndole caso a sus instintos (la serpiente) esa es la forma en que el hombre se separó de Dios.

Así el ser humano cuando desobedece las moniciones de su yo superior, luego se "esconde" de Dios. Pues la creencia de que podemos actuar separados de Dios le sigue naturalmente la separación de los pensamientos elevados que surgen cuando es su Espíritu quien nos inspira.

Un estado de conciencia autoinducido por creernos separados de la Mente Divina, nos arroja al miedo, temor y las dudas, paralizadores y destructores de la paz. Bajo esa falta de orden en nuestro interior, es entonces cuando empezamos a beber de las fuentes más prolíficas de discordia, enfermedad y muerte, a saber, los engaños producidos por la aquiescencia mental de muchas personas en poner su fe en el surtido variado de ideas y prácticas populares insustanciales que, dicho sea de paso, son justificadas con el pretexto de la costumbre o circunstancias atenuantes.

Es evidente que la condición de error en la que se encuentra la humanidad en el período actual es el resultado de siglos de pensamiento erróneo; los grandes errores de la humanidad se han convertido en creencias universales, y como consecuencia, el hombre ha determinado que el mundo a su alrededor es impulsado por leyes puramente materiales, y estando de acuerdo con ellas, se hace parte de ellas. Sabemos que los pensamientos son "cosas", es decir, tienen su peso en la conciencia, y antes de que podamos obtener los frutos de la sabiduría espiritual, debemos eliminar esos viejos pensamientos decadentes.

El mundo ha cambiado muy poco en algunas cosas. Los hombres siguen dedicando mucho tiempo y esfuerzo por encontrar las vías por las cuales los problemas de la vida puedan ser resueltos. Dependiendo de la metodología, esos esfuerzos se pueden estudiar desde tres grandes corrientes. Los hay que son propensos a esperar a que alguien los ayude a alcanzar sus deseos. Hay otros que consiguen lo que quieren a cualquier precio. Y luego está el hombre o la mujer religiosa que, viviendo según un estándar moral, se esfuerza por ser recto, honesto y justo, y piensa que cómo recompensa va a ir a un lugar llamado "cielo" después de la muerte.

Todos estos casos evidencian un malentendido de la Ley Divina. El primero está equivocado porque no ha entendido que el hombre nunca se eleva más alto en expresión que su pensamiento, y su pensamiento nunca se eleva más alto que la naturaleza de las ideas que lo sostienen. Si espera a que otros lo ayuden, está actuando desde pensamientos de inferioridad, pobreza e incapacidad, y no puede esperar frutos de otra naturaleza que no sea acorde a las ideas que sostiene.

El segundo también se equivoca porque cuando uno no tiene límites, a menudo los trasciende hasta violar la libertad de otras personas, o se degrada a sí mismo a un nivel que por más cosas que consiga, nada consigue llenar tal vacío, y desde esta base de error, donde por supuesto se ha dejado fuera a Dios, se vuelve codicioso, egoísta e injusto en sus modos de proceder.

El tercero también se equivoca, y la enseñanza es clara con esto: todo el cielo que el hombre encontrará y experimentará alguna vez está aquí, en el ahora, y no después de la muerte. Ser recto, honesto, y justo es el estándar de todo hombre, y un estado previo al estado de conciencia que llamamos cielo, en el cual entendemos que cualquier condición indeseable que contemplamos en el mundo es el resultado de la ignorancia, y no una prueba que nos ha mandado Dios. Si los hombres supieran la verdad acerca de sí mismos, de su relación con la Mente Suprema y de cómo ponerse en contacto con ella, y actuaran de acuerdo con ese conocimiento, esas condiciones indeseables nunca hallarían un lugar en sus vidas.

No basta con ser bueno, rectos, justos y honestos, pues como hemos podido ver esto no resuelve todos los problemas de la vida. Tenemos que dar otro paso al que el Nuevo Testamento le llama un "nuevo nacimiento". Cada uno de nosotros debe nacer de nuevo, mediante la ruptura con la conciencia carnal, estableciéndonos así en la espiritual, y subordinando al Espíritu, todas nuestras hazañas terrenales.

Todos sentimos que deben producirse grandes cambios en las relaciones sociales antes de que haya armonía y compañerismo. Son muchos los que opinan que estos cambios deben hacerse en sociedad, y lo antes posible. Pero ¿debe ser la sociedad en su conjunto el punto de partida? Con un poco de reflexión, llegaríamos a la conclusión de que el individuo debería ser nuestro lugar de partida.

Dios es Amor, Justicia, Sabiduría y Armonía. ¿Debemos esperar recibir estas cosas de Dios cuando no estamos dispuestos a desplegar amor, sabiduría, justicia, y estados armoniosos en nuestros quehaceres, responsabilidades, metas y nuestras relaciones con nuestros semejantes? Una vez que el individuo esté en el camino de la Verdad, entonces la comunidad circundante se verá afectada. Lo que se aplica al individuo se aplica a la sociedad, porque esta última se compone de la primera.

¿Cuál es el fin principal de la existencia del hombre? Él está destinado a hacer uso de las facultades que le ha implantado su Hacedor, en beneficio propio y de los demás y para ello, necesita práctica. ¿Practicar el qué? Desarrollar un físico que albergue un alto nivel de salud, fuerza y energía. También estamos dotados de una mente, y esta necesita conocimiento. Guiad sus poderes de razonamiento hacia los canales correctos. Velad para que la mente se purifique de las falacias, codicia, deseo, ambición y anhelo. Hacedlo, y el pensamiento se volverá puro y noble, y de vuestro ser surgirán los sentimientos más sublimes.

El libre albedrío tiene que determinar si atender a las cosas del espíritu o ceder a las propensiones carnales. Al adherirse a lo segundo, el hombre se preocupa y angustia por lo primero. Aunque él no sabe por qué, se siente vacío, y pronto descubre que no tiene fuerza suficiente por sí solo para resistir la preponderancia de sus propensiones terrenales.

¿Qué cosa es el Espíritu dirán algunos? Pero lo dicen debido a que todo aquello que un individuo ignora, no existe para él y, por lo tanto, su interpretación del Universo se ve tan reducida *-o expandida-* como el tamaño de su saber. Así que esforzaos en conocer las bases que rigen el mundo espiritual. Estos principios restauradores de la vida son los instrumentos operativos para restablecer los derechos perdidos del hombre. Todo por lo que el hombre llora, teme, busca, no es más que un anhelo interior de conocer lo que subyace a su experiencia. Así pues, emanciparnos de la profunda y estrecha esfera de la ignorancia y del prejuicio, y buscar conocer lo superior, son claves para la fermentación del espíritu de la Raza humana.

Es una pérdida de tiempo, y una utopía, esperar de nuestros líderes, de nuestros jefes de Estado, y de sus políticas que buscan mantener al hombre alimentado, con asistencia médica, vivienda, educación y todas esas cosas, que saquen lo mejor de la sociedad y de sus individuos. El resultado de estos modelos, en general, independientemente de que hayan sido mejores o peores, ya lo hemos visto a lo largo de nuestra cronología existencial: el hombre vive, trabaja, se alimenta, se refugia en alguna actividad que le evada de la realidad (en el mejor de los casos), envejece y muere sin haber vivido ni perseguido nada de índole superior. ¿Eso es en realidad el destino del Hombre? De ninguna manera.

¡Cuán elevados son los medios que poseemos en nuestro poder para la restauración de la Edad de Oro! Pero todavía deben despertarse en el pecho de muchos los sentimientos correctos y sostener grandes ideales antes de que se pueda lograr ese objetivo.

Cuando una persona piensa que no necesita nada, no tiene ningún estímulo para avanzar.

Hay injertada en nuestra naturaleza una solicitud incesante de avance, hacia un destino mucho más exaltado, que el que visualizamos. Pero han de usarse nuestras facultades mentales y espirituales, e impedir por cualquier medio que queden confinadas ni cesar su funcionamiento, sino que, mediante su ejercicio diario, sin desfallecer, cultivarlas hasta que lleguen al punto de su destinada perfección. Todas las tendencias mundanas deben ser abolidas por completo, y en su lugar, deben establecerse y confirmarse aquellos verdaderos principios y hábitos de vida que elevan al hombre.

Reflexionad sobre la vida de los grandes hombres, y convertidlos en vuestro ideal. Dejad que vuestra mente piense en grande: ¿cómo puedo llegar a ser como estas personas? ¿cómo puedo brillar como ellas? Lo que un hombre ha llegado a ser, todos los hombres pueden llegar a serlo. En el área espiritual, el avatar por antonomasia es Jesús. Él alcanzó el Cristo. Esa conciencia que integra los opuestos: la unión sagrada del espíritu y la carne, donde la última es elevada por la primera. Esa conciencia en la que encontramos que la gran cantidad de pensamientos internos adversos se disuelven debido a la alta vibración de los pensamientos espirituales.

Como Jesús habló con autoridad sobre Dios y el espíritu del hombre, la humanidad no ha encontrado otra explicación a esto más allá de decir que era el hijo de Dios o que era Dios mismo hecho hombre. ¡Otra excusa más para no obrar!

Jesús fue un hombre como tú y como yo. Nació de una mujer, heredó todas las creencias de la raza humana, y luego tuvo que dedicar años para desenredarse de todas las creencias limitantes, comprender quien era, crecer en sabiduría y autodominio para poder manifestar finalmente la superación por completo del sentimiento de separación de Dios. El hombre debe familiarizarse consigo mismo y explorar todas las dimensiones del ser hasta conseguir eso.

¡Qué gran proyecto el hombre! ¿Verdad? ¡Que sublime es su destino! Y que terco y ciego es a veces, pues intuyendo que pertenece a la Luz, se empeña en transitar bajo las nubes más grises, o se pierde directamente en la oscuridad.

Despiértate, tú que duermes, y no vivas como vive todo el mundo,
pues escrito está: No solo de pan vivirá el hombre,
sino de toda palabra de Dios.

-Efesios 5:14/Romanos 12:2/Lucas 4:4-

Todos Mis Libros En Amazon

¡Más Contenido en Youtube!

www.ingramcontent.com/pod-product-compliance
Lightning Source LLC
Chambersburg PA
CBHW051106250726
48656CB00001B/504